居酒屋 Z　2700 円

タテモール
プレーン

工房にて、コップのラフスケッチ

養命酒コップこと盃（リサイクル瓶のクリア）2000円

左藤玲朗さんと弥子さん、白子海岸で犬の散歩

上／クロ　下／ユキ

シロコ

二子玉川『KOHORO』にて 2012 年 8 月の展示会、入口の一角

自宅展示販売室の棚。上段手前　モール小鉢（飴色）2600円／奥　モールシャーレ（セピア）6500円
下段　カンパニュラ　2900円

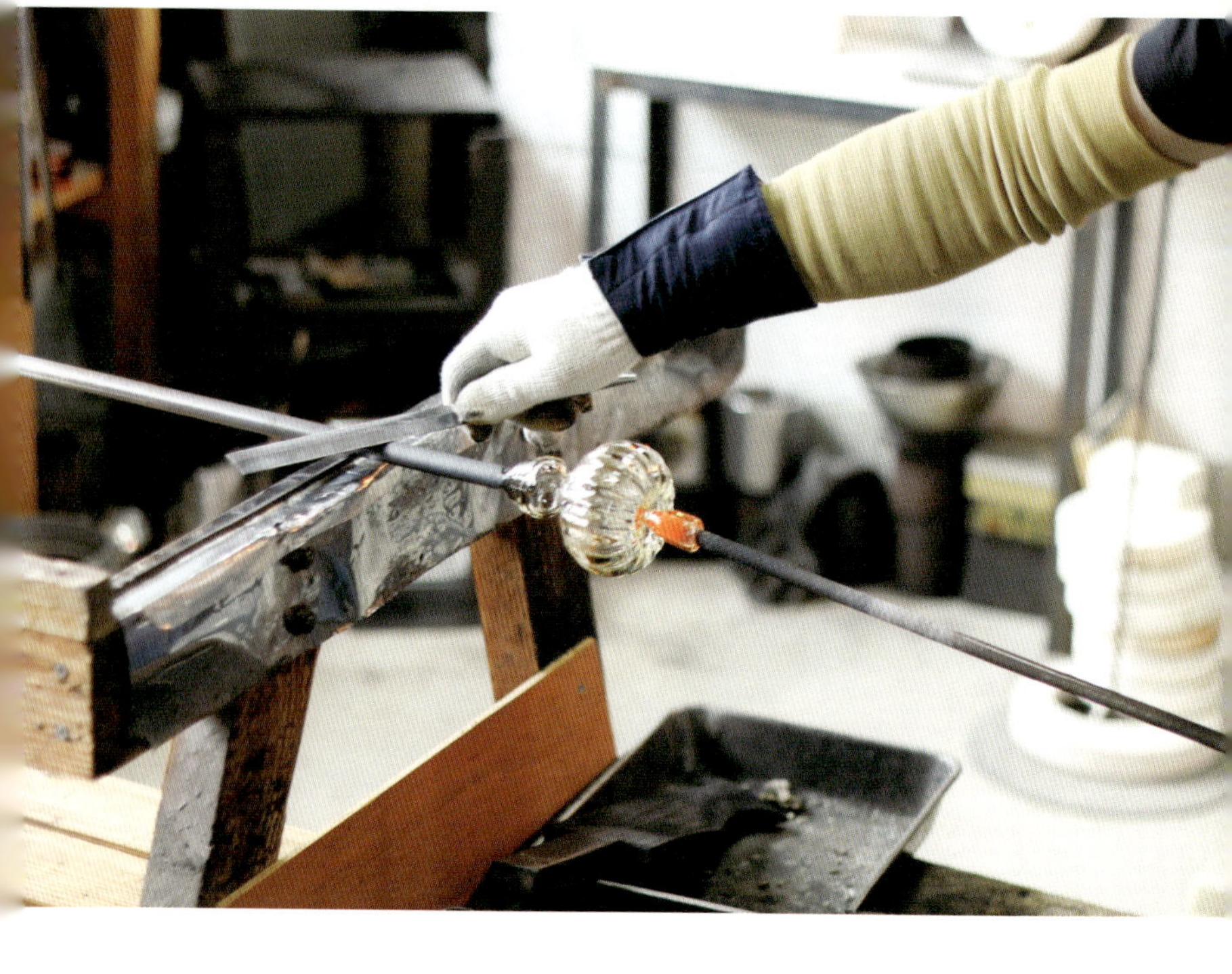

工房にて、ポンテを付け、切り離す工程

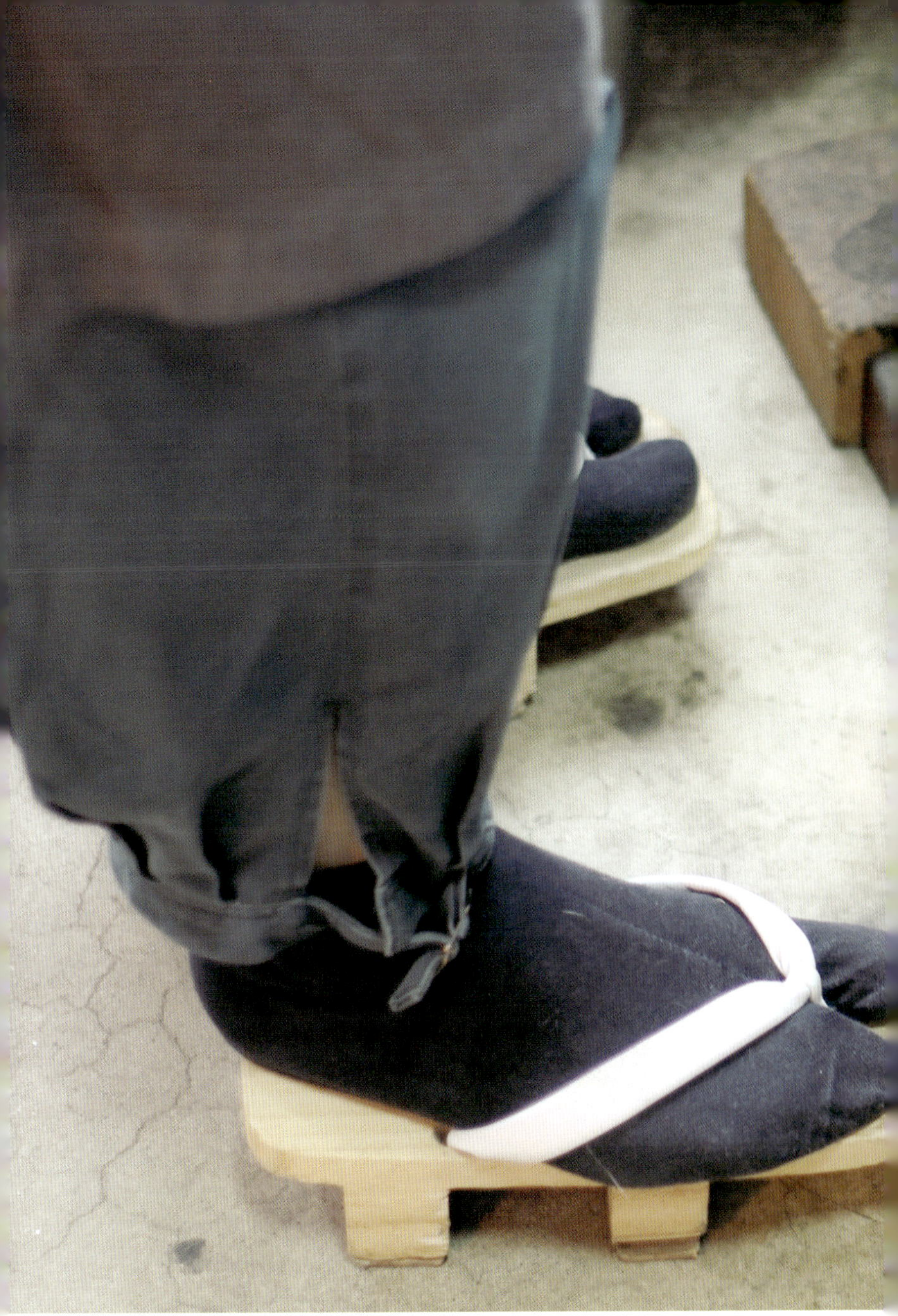

工房にて、鉄型に吹き込む前のガラスの玉の形を鏡で確かめる

工房にて、鉄リン、鋏、やっとこ

▽コップの話

鉄砲を持って山に入り、夕方になると仕留めた雉《きじ》を持って帰る。

うちがやっているのはそれと同じくらい単純極まりない生業である。全然儲からないが自分の力の足りない悔しさとか工夫が当たったときの嬉しさを存分に感じられる仕事である。


今日から何日間か縦モールの小振りのコップが続く。

まだ未解決の失敗ポイントがあるが、それももうすぐ落ち着くだろう。暑いけど少しは楽しんで制作したい。

なにしろコップといえばガラス、いいコップを作ってなんぼだ、ガラス屋は。

2012・3・6

ブログ「左藤吹きガラス工房公式業務日報」より　文／左藤玲朗

はじまりのコップ

左藤吹きガラス工房奮闘記

木村衣有子

目次

まえがき――22

左藤吹きガラス工房公式業務日報　選り抜き　前編――26

コップ――37
はじまりのコップ／プレーンコップ／コップの値段／肩書き

白子訪問記――59
「自宅展示販売室」開き、九十九里の海／エッグスタンドとコンビニエンスストア　『ｄａｎｃｙｕ』後日談

左藤さんの来し方――75
大分生まれ／京都、学生時代／沖縄へ　奥原硝子製造所／長崎　夢のあと／右手の怪我／小谷真三を訪ねる　ひとりのガラス／丹波　２００１年のコップ／千葉県、白子町へ／弥子さん／柚さん／本棚と『粋な旋盤工』／工房印象／工房の夏と冬

売ること――161
取引先を増やせない理由／注文と個展　東京・国立『黄色い鳥器店』
高橋千恵さんに聞く／「これからの家内制手工業のお手本」　宮城・石巻
『カンケイマルラボ』　須田マサキさんに聞く／コップの変革　東京・二子玉川
『KOHORO』　恩田裕美さんに聞く／「もみじ市」同行記

リサイクルから、一生の仕事まで――207
瓶のリサイクル／ガラスとやきもの

新作――229
丸いコップ、カップ

左藤吹きガラス工房公式業務日報　選り抜き　後編――235

吹きガラス用語／吹きガラスに携わる人々――250
あとがき　左藤玲朗――252
あとがきにかえて　クロと『のんべぇ春秋』　木村衣有子――256
参考文献――263

まえがき

はじめて使ったのは、コップだった。

冷茶を注いでごくごく飲み干し、空になったときに、ふと見とれる。

左藤さんのガラスは瑞々しい。

硬さ、冷たさを感じさせない。

飴のように、ねっとりとした粘りがあるように見えもする。液体らしさを残している、ということか。

輪郭は、揺らぎすぎず、かといって、接する空間をすっぱり切り捨てるような素振りは見せずに、ちょうどいい塩梅にそこにある。

手に取れば、持ち重りがする。がっしりとしている。

コップ、猪口《ちょこ》、大小の鉢、皿。どれも、光を受けたとき、おっ、これはいいなあ、と、見惚れる。

それらを使って食べたり呑んだりしているあいだは、道具としての働きに専念してくれる器の数々。

見惚れることと、存在を忘れるくらいの働きぶり、というふたつの要素は、矛盾せずにひとつの器に内包されている。だから、左藤さんの器はほんとうに使いやすい。ここでいう「使いやすい器」とは、ひたすらにアノニマスを目指すあまり、なんの感情も呼び起こさなくなってしまったものを褒めるための言葉ではなくて。

手元に器のみを転がして、純粋に「もの」だけを観ていては物足りなくて、やっぱりその「もの」を作った人が、どんなことを考えてこれをこしらえたのか、どんな経緯で技術を得たのか、どうやって暮らしているのか、知りたくなって、「左藤吹きガラス工房」をはじめて訪ねたのは２０１２年の２月だった。それから少し間を置き、２０１４年の夏から２０１５年の春にかけて、千葉は九十九里の海岸から程近くにある工房、そして工房と向かい合う自宅に通い、話を聞かせてもらった。

職住一致、仕事の中に生活がある。その逆もまた然り。

「左藤吹きガラス工房」を営む左藤玲朗《さとうれいろう》さんは、妻の弥子《みつこ》さん、娘の柚《ゆう》さん、犬のユキ、シロコ、クロと暮らしている。

弥子さんはガラスの卸先とのやりとりにはじまり、素材となる瓶の洗浄やできあがった品々の梱包に至るまでを担っている。柚さんは市役所に勤めに出ている。古株の柴犬、ユキは隙あらばごはんをねだり、シロコはたいていおとなしくしている。左藤さんにいつも「馬鹿だなあ、お前は」としみじみ言われるクロは徐々に、お行儀よくなってきている。薄紙を剝《は》ぐようにではあるものの。

私が左藤さんのコップを使いはじめたのは２０１１年の夏だった。

縦ひだが入った、極々薄い緑色の「ワインコップ」だ。左藤さんは、お酒やジュースなどの廃瓶を融かしてそれを原料にし、器を作っているそうだ、というのはホームページを見て知った。透明に見える瓶でも、その中にはわずかな鉄が融けていてそれが緑色に発色するということも。

それから間もなく「美しき日本の手技」というページで、愛用しているものをふたつ紹介しませんか、と、雑誌『クロワッサン』の編集部から声がかかった。幾つか提案した中から、左藤さんのワインコップがいいのではという話になった。ちなみにもうひとつは、盛岡の友達が製作しているレターセットを選んだ。

ワインコップの紹介記事は、今から思うと横着をして、左藤さんにメールで挨拶をし、左藤さんが原料としている再生ガラスとはどういうものなのかを質問して、回答をもらって書いた。２０１１年末に発売された号に掲載された。店頭に並んだその日に読者から問い合わせが来たとは後日知ったこと。

それから半年後に「左藤吹きガラス工房」を訪ねるまで、私はコップとブログだけで左藤さんに触れていたことになる。

毎日、というわけではないけれど、週に一度ほど更新されるブログをずっと読み続けていると、連載ものを追っているような気持ちになる。

「ものづくり」を生業とする人は、しばしば、漠然とした理想やきれいごとを書き綴りがちだが、左藤さんはそうではなかった。

生活の実感にあふれ、シニカルで、言葉運びは軽快、漢字の使いかたはやや重め。そういう文章で、仕事の苦しさ、すがすがしさをえがいている。

いざ、左藤家に泊まり込み、腰を据えて話を聞いてみると、左藤さんの語り口には、文章にもある軽妙さが存分にあふれていた。言葉が整理されていないぶん、熱っぽさが際立つこともあるかなと想像していたが、その熱の分量は文章と等しいものに感じられる。

左藤さんは文章に長けた人だから、当初は、ブログを柱とした一冊を編みたいと考えていたくらいだ。ただ、私としても、ここ数年やりたい仕事のひとつが「聞き書き」でもあり、結果としてこのような構成の本ができあがった。

左藤吹きガラス工房公式業務日報　選り抜き　前編

▽社訓

零細の製造業として食べていくためには皆が通る道を迂回する知恵が必要だ。ひとが宙吹きなら自分は型吹き、ひとがカラフルなら自分はモノクロ、ひとがナチュラルなら自分はインダストリアル、ひとがアーティストなら自分は職工、ひとが出会いを大切にすれば自分は嫌な相手と絶縁する、ひとが内房線に乗れば自分は外房線に乗るという具合に。

2012・3・6

▽縦モール・ねじりモール

蒸し暑い中「縦モール」と格闘。

やり方はなんとなく分かってはいるもののまだ手が慣れていないので、ちょっと気を抜いて失敗することが何度かあっていつもより大幅に時間が掛かったがなんとかやりきった。以前だったらきっと出来なかっただろう。

兵庫県の丹波で最初の炉を作ったのが2000年の6月だからちょうど12年になる。この間で本当に上手になった。最初の頃に比べると雲泥の差である。天と地である。月とすっぽんである。戦争と平和である。盆と正月である。サイモンとガーファンクルである。

それでは身体の能力がそんなに上がったかというと全然そんなことはなく、むしろ、すばやく動いたりするのは駄目だ。重いのも駄目だ。すぐ腱鞘炎になる。疲れが抜けない。理由もなく膝がカクンとなる。生きているのが嫌になる。それはない。

上がったのは勘とかひらめきとかそっちのほうの能力で、以前だったら原因不明の失敗が出ると頭の中が真っ白、というより真っ赤になってとことん悪い方向に行っていたのが、最近はふと解答が浮かぶことが増えた。特に馬鹿馬鹿しい解答の場合。例えばこの前上手くいかなかったときは、道具を錆びさせたらいいんじゃないかとふと思いつき、塩水にレモン汁を入れたものをぶっ掛けて一日置いていたら大正解であったりとか。このときは、努力が嫌いな自分にぴったりの結末だなあと大いに満足したが、そんな楽なことは無論めったにない。必死で考えて得るのがひらめきである。

明日からねじった渦巻状のモール。縦よりはずいぶんやり易い。

2012・6・19

▽無題

一人っきりの職場なので他の人と研鑽して技術が向上するということがない。ご託宣みたいなものが「降りて来る」のを待つだけだ。

兆候としてはまず、いつもやっていることが何故か急に上手く行かなくなる。驚き、怒り、冷静になろうと努め、無心になろうとしたり、逆に理詰めで考えようとしたりして、あの手この手で一つ一つの工程を洗い直すうち、自分が驚くべき間違いを犯し続けていたことに気が付く。5年くらい間違い続けていたことに。そして、少なくともその時作っていたものに関してはワンランク技量が上がって

イベント終了。だが、こういうことは、一段落してビールを飲んで風呂でさっぱりしてから言えることであって、イベント進行中は大変なものだ。今は近所の目があるのであれだが、集落から離れた山のふもとにあった前の仕事場では、よく怒り狂って壁を蹴破ったものだ（一回だけだが）。餌をあさりに近くに来ていた鹿に暴言を浴びせかけたこともある。

こんな見苦しい所業の中から数々のヒット商品が生まれたのだ。

ないか、そんなものは。

2010・7・31

▽居酒屋で出てくるあれ（コップ）

器の試作をすると、大体10回のうち9回くらいは失敗するが、中でも一番困るのは技術的な失敗ではなくて、一応すんなりと作れはするが、出来ばえがどうもパッとしないという失敗。
4、5年前から、ちょっと小ぶりのサイズのコップ、居酒屋でビールをビンで頼んだり、公民館で宴会するときに出てくるあれみたいなサイズを求める声は多数あったのだが、試作してもことごとく失敗。
最近は練習もあまりしていなかったが、数日前ちょっと吹き方を改良したのを機にやってみたら難なく出来た。

念のためそれでビールを飲んでみてこれはいけると確信。こういう時は上達したというよりは何か呪いが解けたような感じがする。あるいは痛む歯を抜いてもらったような。

「キリンレモン」とか「ホッピー」とかのロゴの入ったあれよりも若干大きいかもしれない。

今名前を考え中だが何も浮かばなければ「居酒屋コップ」にしようと思う。あんまりだろうか。

2011・2・13

▽自動書記のように

ちょっと気を抜いてしまい家計が苦しくなったので、ビールをコンビニで買うのをやめ自家製梅酒のソーダ割を飲み、コメリとカインズにも出来るだけ行かず必要のない工具を買わないよう気をつけている。

貧乏になるとなぜか仕事の調子が上がってきて、ここしばらく無休で疲れているはずだが作業中の雑念があまり湧かない。失敗もほとんどない。そのかわり後で思い起こしても作っている時の記憶がもうひとつ薄く曖昧なのはなんとなく落ち着かない。

2012・4・23

▽実働時間を考える

20年近く前に勤務していた那覇市のガラス工房では朝8時に出勤して、前日作ったものの窯出しやら底の仕上げやらで2時間、吹きの作業が始まるのはだいたい10時くらい。1時間の昼休みをはさみ、夕方5時で仕事をあがり、その後親方に小銭を握らされ、斜め向かいの雑貨屋（おしゃれな雑貨屋ではなく、キューリのキューちゃんとか山崎パンとか売ってる雑貨屋）でオリオンビールと魚肉ソーセージを買ってきてみんなでグイッとやるわけだが、ただでさえ暑い那覇で灼熱の炉の前で仕事をした後なのでそのうまさたるや。今日日本国でうまいビールを飲んでる奴10人を選ぶとすると俺は確実にランクインだな、などと益体《やくたい》もない考えが浮かぶ程だ。

それはどうでもいいこととして、作業場の炉の前で働く時間は通算すると6時間だったことになる。この6時間というのが夏場に炉の前で汗だくになる限界ではないかと思う。今日は7時間目に突入して、ついでだから8月の展示に出す小さなミルクピッチャーを3個くらい作ってから終わろうと思ったが、体力も集中力もすでに切れていたようでこれが全然駄目だった。

2011・7・4

▽何もなかったけど

やはり疲労が激しいので今日は吹きガラスはやめて道具の材料買出しに市原（ここから1時間くらい）のジョイフル本田に行って、その後本屋に寄り、子供を迎えに行く、特に変わったことのない普通の日。思えば、こんな取り立ててどうということもない日に、家に帰ってちょっと一杯、場合によっては深酒、と食器棚の一番前のほうから取り出すコップを作ろうというのが当工房の趣旨だったなあと改めて思い、焼酎の2リットルボトルと安くなったバランタインウイスキーをジョイフルでつい購入。先日ズブロッカを購入したばかりだったが。

一昔前までは自宅で吹きガラスの食器を使うなどというのは、多分民藝愛好家かインテリアに執心している人、それと金持ちくらいで、とくに1991年のバブル崩壊以前は手仕事のものは贈答品として買われることが多かったとよく聞く。贈答品の需要があまりなくなり、ほんとに自分用・家族用に収束して、手工品がバンバン売れる時代は終わった。私が那覇の奥原硝子製造所に入ったのが1991年であるからちょうど器が徐々に売れなくなる時期にこの道に入ったことになる。で、時は流れて今はどうかというと経済は冷え込んで物は売れなくなってはいるが、その分自分の時間を大事に考えて一工夫しようという人が増えた（多分）お陰で仕事を続けてこられた。これは有難いことだ。

2012・6・25

▽日曜日の子供

週休2日が私の夢で、我ながらなんと小さな夢かとあきれるが、いくら自分でも大きなお世話である。

そういうわけで昨日の土曜休んだので今日はお仕事である。


日曜日に仕事することについて何の不満も無い。日曜が嫌いだから。

私は小学6年まで掛け算九九を暗記できなかったアホで、遠足とか運動会の日を除いて学校は嫌いだった。

だから土曜の晩が好きで日曜の午後が嫌い、特に日曜の夕方のテレビには物悲しい気持ちを掻き立てられた。今で言うサザエさんのエンディング症候群みたいなものだが、私の場合「千福」という日本酒のCMが一番効いた。動物がいっぱい出てくるもの悲しい歌だった。今聞いても当時の重苦しい気持ちがありありとよみがえる。

今自営業者になっているのは当時の学校とか会社を恐れる気持ちと何か関係があるはずだが、自営業者も実際は毎日結構ハラハラである。

2011・3・6

コップ

はじまりのコップ

左藤さんの器が紹介されている雑誌などをめくると、小鉢を目にすることが多いな、とは薄々気付いていた。これまで「左藤吹きガラス工房」で最も数を多く売ったのは小鉢だという。注文も沢山来る。機械で大量に生産されるガラスの小鉢にはあまりいいものがないという理由で選ばれてきたのでは、と左藤さんは推測している。

とはいえ、私がいちばん最初に入手した左藤さんのガラスはコップだったから、左藤さんの第一印象＝コップである。

これまでに売れていったコップの数は概算で1万個を超えるそうだ。少なくとも、千葉に工房を構えた２０１０年から２０１５年春までのあいだにはおよそ６０００個を吹き、売ったことは確かだという。

左藤さん自身、ここ2、3年はコップに力を入れているという。中でも「プレーンなタイプの、型吹きのコップ」に。

「技術的にも磨いてきたし。やっぱり売れゆきよくなってますね、特に小さいコップ。やっぱりガラスといったらコップだから、コップが弱い人は作家として厳しい局面に立たされます」

コップは、工業製品にしても、他の人が吹いて作るものにしても、とにかく、ライバルが多いのだ。

「最初に作った型吹きのコップと、今作っているコップは、もう、全く別物で、次元が違う。ほんとに、ほんとにそう思います。我ながら、よくここまで作ったなと思うんですよ。ものすごく長い階段があったはずだけど、よく昇ったなと」

そう、「左藤吹きガラス工房」のいちばん最初の商品は、コップだった。

十数年前、野菜直売所で売ったのがはじまり。

「田舎に行くとよくあるでしょう。無人販売所にちょっと毛の生えた程度の。人前に出したのはそれがはじめて」

ひとつ８００円。

「その程度の値段に見合うものしか作ってなかった。ちゃんとしたもんじゃないという意識はあった」

針金が付いた、荷札みたいな値札に自分で値段を書いて、置いておく。売れた分の一割を、仲間と直売所を経営している卵農家に渡す。

ひとりのお客がまとめて６個買っていったときには、そのお金を持って、家族３人で回転寿司を食べに出かけた。

およそ20個程を売り切り、その野菜直売所での販売は終了したという。

次にコップを売ったのは、京都『知恩寺』で毎月15日に催される「百万遍《ひゃくまんべん》さんの手づくり市」にて。そのときはもう商品はコップだけではなかった。

左藤さんがはじめて売ったのは「ねじりモール」のコップだ。当初はその品一種を毎日繰り返し作っていた。

私が買ったワインコップに入っている縦ひだはまっすぐな「縦モール」だが、そのひだが、コップの胴に巻き付くようにぐるりとねじられたものだ。「モール」とはガラス工芸用語でmold《モールド》＝金型を指す。縦線の入った型にガラスの玉を吹き込んで表面に凹凸を付ける技法だ。

ねじりモールのコップは今は作っていない。同じ技法を使った小鉢は作り続けていたが、やめようかとも思っているという。

「みんなが作っているから、俺はいいかなって」

そう言って、左藤さんは含み笑いをした。

「ねじりモールは、きれいはきれいなんですけど、どうしても民藝調になってしまう。今だったらもっと上手に作る自信はあるんだけど、いいや、他のもので頑張ろうと。

技術的にはやっぱり、十数年前はすごく下手で、ひどいものを作ってました。時々、お客さんが持ってきて、昔のものを見せられると、うわあ、勘弁してください、っていうものだったりして。

そういう技術的なことはあっても、デザインは最初期からほとんど一緒です。

結局、好きなものは沖縄のガラスで、それを念頭に置いて作っている。何年経っても好みが変わらないもんだから、同じものを作っている。ただ、ほんとうは作りたかったけど、技術的に無理だから寝かしておいたというものもあります。

ワインコップも最初期に作ろうとして全然できなくて、ずっと寝かしておいて、ふと、震災の後に、もしかしたらできるんじゃないかなあ、あのコップ、ふと思い立って作ってみました」

プレーンコップ

「左藤吹きガラス工房」の定番商品のひとつに「プレーンコップ」がある。左藤さんがかつて働いていた、沖縄は那覇の『奥原硝子製造所』でもよく作られていた高さが4・5インチのコップ「ヨンテンハン」と同じくらいのサイズ、同じくらいコップらしいコップだ。大ぶりで、すとんとしていて底が厚い。ちなみに1インチは25・4ミリ。

左藤さんが昨秋作った豆本『沖縄／ガラス／私』には、沖縄にてガラスの仕事をはじめた20数年前の、古めかしいガラス工場と那覇の風景が活写されている。

「今なぜガラスの仕事をしているかといえば、沖縄ガラスが本当に好きだったからだろう」と左藤さんは書いている。20代半ばの左藤さんの琴線に触れたのは、戦後間もない時期に作られていた「分厚くて、繊細ではないけれど、非常に洗練された形で嫌味がない」そういうガラスだ。

繊細ではないけれど、洗練されている。

それは私が個人的に好む日用品の傾向にもあてはまるなあと思った。

「繊細さ」はガラスの特長として語られることも多いはずで、その要素をあえて切り捨てているのも潔い。

実際、今の左藤さんのガラスも、繊細ではないが洗練されている、そう言いあらわせるものだ。

プレーンコップ、と命名したのは「プレーンは、あんまり色が付いていない言葉だったから」という。

「プレーンヨーグルトは、単に砂糖が入ってないという意味だけど。プレーンソーダもそう。

靴でも、プレーントウ、ってありますね。名付けたのはもう10年前ですね。でも、ちゃんと吹けるようになったのは最近です」

プレーンは、シンプルとも言い換えられると思う。

ただ左藤さんが「〝プレーン〟のほうが、色がないような気がしたんですよ。〝シンプル〟よりも」と言うとおり「シンプル」という言葉は、褒め言葉として多用されすぎている感もある。そういや、私自身もぽんぽん乱用してきたわ、と、振り返る。

プレーンとシンプル

談／左藤玲朗

なぜ「シンプル」が好まれるか。

シンプルがいい、と言われ出したのはずっと昔ですよね。自分の子どもの頃からそうだったような。シンプルという言葉は中学生の頃から使っていたような記憶がある。

「シンプルライフ」は別に貧乏なわけじゃないですよね。「清貧」とは違う。シンプルという言葉はいい意味でしか使われないから、精神論が入り込みやすい。

シンプルなものを形にしてあらわすには、技術が要ります。工程が確実に増える。長い時間かかるし、技術的にも難しい。失敗ももしかしたら多いのかもしれない。例えば、刺身包丁もそうかな。まっすぐで、すごくシンプルな形の包丁は、けっこう作るのしんどいだろうな。

特に吹きガラスの場合は。シンプルなものほど奥が深いとかいう精神論以前に、技術的に難しい。いわゆるシンプルな形のコップは、失敗と成功が、すごく分かりやすい。駄目なものと出来のいいものの差がすごく出やすい。ちょっとのことでも駄目になる。例えば、小鉢だったら、口が多少厚くなっても大丈夫だとして、それが、コップだと、もう、見てられないようなものができる。ちょっとのミス、ミスというほどのミスじゃなくても、それが拡大される。

結局、シンプルを目指して、すうっとした感じにしたいしたいとずっと思っていると、工程が増えたり、作業時間がどんどん長くなったりするんです。

吹きガラスの場合は、シンプルな形というのは不自然な形なんです。吹いたら、丸くなるから。表面張力とか重力の関係で。普通に吹けば丸く膨らむはずなんだけど、側面をまっすぐにしたいとか、エッジを出したいとか、底は厚いんだけど口元を薄くしたいなんてのは、不自然きわまりない形なんですよ。

だから、シンプル＝自然というわけじゃない。

僕は、自然に丸く膨らんだローマングラスとかよりも、工業製品のガラスで、エッジがあってまっすぐなぴしっとした形のほうが、きれいだなと思うときがあって。自然に動こうとする形じゃなくて、型に嵌《はま》った形なんだけど。

自動製瓶機で、圧搾空気をぶはーっと吹き込んで、ものすごい短時間で作られた瓶は、冷めようとか、形のとりようからいうと、無理矢理作ってるように思えるんだけど、でも、やっぱり、できたものはきれいなんです。例えば古い瓶、昔のインク瓶とか、今みたいに温度管理ができてないから、泡が多かったり、いきなり壁面にガラスをがーっと押し付けたもんだから表面に波紋みたいな模様が入ってたりするんだけど、それがきれい。

いちばん大事なのは、ガラスという素材がほんとうにきれいに見えること。宝石でもない、水とか氷でもない、そういう自然物を模していながらも、もっときれいに。

沖縄にいた頃「ガラスをいじらないほうがいい、自然に任せたほうがいい」とある作家が言っていた。それを聞いて、すごく嫌な感じがしたんです。いじらなければガラスはガラスのままだと。

コップの値段

今、左藤さんが力を入れて制作しているのは「居酒屋Z」と名付けたコップだ。「寸胴でちょっと開いた形。特に色もなし」という潔い佇まいの定番商品「居酒屋コップ」よりひとまわり小ぶり。容量は1合(180㎖)くらい、実際に居酒屋で使われている、キリンやアサヒなどビール会社のロゴが入ったあのコップに近しい。

しかし、なぜ「Z」と?

「究極の居酒屋……」

ふざけた調子で左藤さんは言った。

「居酒屋コップの最終形態という願いを込めて。ふふふ。もうこれ以上ないっていうぐらいのものを作りたい。そういう願いを」

含み笑いは話の途中でフェイドアウトしていく。

「みんなの頭の中に共通して浮かぶコップの形。スタンダードな形。型吹きのコップの中で、究極に難しいものを作りたい。今まで蓄積した知識や技術の集大成にしたい」

小さいぶん、作っている最中ガラス生地が冷めやすく扱いにくいということもあり、手間がかかるので、値段をあまり安くすると割に合わないという。そのことに私はこれまで無頓着でいた。そのものの質量が増えるほど値段が上がっていくようなもの、例えば宝石などと左藤さんのガラスは違って、小さく作れば作るほど安価になるわけではないのだ。

私が最初に買ったワインコップは2700円。税抜き。同じくらいの容量の居酒屋コップも、そして居酒屋Zも同じ値段だ。当然、自分で作ったコップには、自分で値段を付ける。

「例えば、CD1枚の値段、すごくいいやきものを作っている人の値の付けかた、中華屋の定食、他のものと比較して、これはどれぐらいか。自分はどれぐらいだったら買うか。よっぽどいいコップを作らないと、ＣＤ１枚の価値がないんですよ」

かけた時間と燃料費と、気力についてはどう計算しているのだろう。

「それに当てはめて考えても、妥当な値段じゃないかなと。コップ１個の値段としては」

このコップを「左藤吹きガラス工房」から直に買う方法は、２０１４年に開いた「自宅展示販売室」を訪れるか、もしくはホームページからの通信販売だ。また、全国津々浦々で開かれるクラフトフェアにも年に2、3回は参加している。

クラフトフェアの場合、左藤さんは出展料を払うことになる。およそ1万円前後、あるいは売り上げから2割程度の金額だ。

とはいえ「左藤吹きガラス工房」は品物の半数以上を、器店やギャラリーに卸している。売り上げの4割が店に支払われる。つまり、器店で２７００円のコップがひとつ売れた場合「左藤吹きガラス工房」に入るのは１６２０円なのだ。

「年収２００万円の人でも欲しくなるものを作らないといけない」

談／左藤玲朗

一般的に、３０００円がコップのひとつの峠。それを超えると途端に売れなくなるんです。

お客さんにしたら、そこで意識が変わる点なんだろうと思う。

じゃあ、そこでその価格を維持するためにどうしたらいいかといえば、僕の場合は、ずいぶん前に結論を出しています。中抜きしかないなって。直販しかない。

4000円付けて、出すとこに出したら、お店によれば売れるのかもしれないけど、それだと、買う人がいちばん損する。自腹を切ってくれる人に対して、自分が生活するにはどうしても4000円付けないといけないから、っていうのはちょっと違う。それだったら、中抜きしたらいい。

コップひとつに5000円付けている人はいるけど、僕からみると、結局、お店と結託しているようにしか思えない。同じようなクオリティのものを2000円で売っている作家もいるのに、特に根拠もなしに高い値段を付けて、それをなんだかんだ言いくるめて、お客さんに売ってしまおう、というのがどうしても見え隠れして不快です。

高い値段を付けたほうが高く見られるという下心は、たしかに自分もちょっとあるけれど、そこは抑えたい。

「うちでは倍の値段で売れます」とか、「出すとこ出したら高く売れるのに」とかって、何回か持ちかけられたことあります。うるせえ、と言いたい。うるせえよおめえ、放っといてくれって。

制作時間に関しては正直、長くなってるんで、そのぶん上乗せしてもいいと思うんだけど、でも、正直、直販が増えれば、上乗せする必要もないんですよ。だから、じゃあいいか、直販で頑張ろうかな、と。

ただ、ガラスはどうしても失敗が多い。まあ、自分の技術が未熟っていうのもあるかもしれないけど。でも、これからどうなるか分からない。もっと失敗が少なくなるかもしれない。事実、昔は一日やって全部駄目ということがあったんだけど、今は原因が分かるようになってきたので、失敗がずうっと続くことがなくなって、そのぶん、生産性は上がっているのかもしれない。時間が長くなってるぶんを加算しても、生産性はよくなってるかもしれない。それ考えると、値段上げる必要もねえかなあ。

ただ、明らかに値付けに失敗したものもやっぱりあって、例えば「カトラリー立て」は今年の春まで5000円にしていたんです。これは正直失敗したな、と。ほんとうは6、7000円付けないといけなかった。難しさ、使うガラスの量、制作にかかる時間、成功率、いわゆる歩留りですね、それらを考えるとやっぱり5000円じゃ無理だったな。

自分が生きているうちかどうかは分からないけど、これからおそらく、自分が働く時間とか、どんなことをしたいかとか、選択した上で、年収が200万円、という人は増えると思います。

気持ちのいい店と取り引きしたいっていうのと同じような感じで、やっぱり自分もお客を選びたいと言ったら厚かましいけれど、200万円の中から買わせるのはなかなかのことだと思う。よほど自分のものに力がないと、売れていかない。そういう意味で、年収200万円の人でも欲しくなるものを作らないといけない。

たしかに自分の年収からいうと高いけどこれは持っておく価値がある、というのは、例えば、夜お酒を飲む時間が自分にとっては大事だったとして、そこで使う道具は、侍の刀みたいな、沖縄の三線みたいな、精神性の光を帯びてくる。それなりのものを作っていないかぎり、そういう価値あるものとしては迎えられない。

肩書き

左藤さんは、助手も付けず、弟子もおらず、ひとりでガラスを吹き続けている。それなのに、あえて個人の名前「左藤玲朗」ではなく「左藤吹きガラス工房」と名乗る上では横文字の名前を付けるのはなんとなく恥ずかしい、という気持ちがあったという。むしろ、昭和にはよくみられた、例えば私の実家はかつて「木村半次郎商店」という干瓢《かんぴょう》問屋を営んでいたし、左藤さんはそういうフルネーム＋業態という屋号の響きに、かっこよさを見出していた。

「〝左藤玲朗吹きガラス工房〟でもよかったんだけど、ちょっと長いかなあって。玲朗っていう名前をそこまで出したくなかったというのもあります。そんなに気に入ってる名前じゃないんで。左藤の左がにんべんが入ってなくて、識別しやすいかなというのも」

理由を訊くまでは、家内制手工業的に、家族みんなでやっていることを大事にして付けたのかなと勝手に推察していた。それもありましたね、と左藤さんは言う。

「老舗の団子屋みたいな感じ。こういうのかっこいいぞ、俺もこれでいくぞと。あとは、やっぱり民藝思想から入ったので」

20代半ばに、柳宗悦の『工藝文化』を読んだことが、左藤さんが今している仕事に繋がっている。

「再三にわたって、個人とはほんとに小さなもので、それを超えたものがあると書かれている。個人を超える、というのがかっこいい。そう思って、惹かれた。考えてみたら、その時代は、シュルレアリスムとかオカルティズムとか、人間の無意識に考えが至った時代なんじゃないかと思うんです。人間が普通に日常生活をしている奥に、自分では意識をしていない無意識の中に、いいものを生み出せる鉱脈があると」

「ガラス作家」と「職人」のあいだ

談／左藤玲朗

自分の職業を人に説明するときに、ガラス作家、というのがいちばん現実に即している。

なにやってるの、って訊かれたときには、器をひとりで作ってます、吹きガラスで、と。今は、吹きガラスって言ってまるっきり分からない人もそれほどいないんで。吹きガラスっていうやりかたで、小さな工場でガラスのコップとか、お皿を作ってます、と説明する。するとああ、ガラス作家か、と返される。だから、それがいちばん通りがいいんだなとは思うんですね。

でも、自分で、ガラス作家です、って言うのもなんだか厚かましい気がして。あんまり色が付いていない。即物的で、愛想のない呼び名があったらいい。鍛冶屋とかいいですよね。そのまんまだからね。

ただ、職人とまでは言えないですね。そこまでの腕はないんで。職人っていうものは自分で言うもんじゃなくて、人から認められるものだと思うんで、自分から言うのは気恥ずかしい。職人、と言った時点で、自分はそれくらいの技術あるんだ、って言ってるようなもんですよね。ただ、言いようによっては、しょせん職人だから、って言えば、それで通ってしまうときもありますよね。まあ職人的な仕事しかしてねえから、とか、職人はそんなこと考えなくていいんだ、とかね。そんなこと作家のすることであって俺たち職人は一切知らんよ、という言いかたもできる。

インテリほど、職人が好きなんですよ。日本酒の杜氏《とうじ》が好きだし、指物師《さしものし》が好きだし、宮大工が好きだしね。そういう奴を好き、って言うのがさらに自分らのインテリ性を高めてくれる、という気持ちがあると思うんですよ。思い上がりと媚があって最悪なんです。

試作をする、プロトタイプを作る。そういう仕事がほんとはいちばん好きなんですよ。「作家」というよりは、アイデアをいっぱい出してその試作をするのが理想だったんですね、ほんとは。例えば、ガラスのコップを作るにしても、自分がこういう道具を使って、こういう工程で作ったら、人はまず作ってないし、しかも売れそうなものができるんじゃないか、っていうところから出発して、道具をまず研究しつつ、デザインも洗練させていって。

実際、仕事してるときでも、結局それがいちばん楽しくて。成功して、ひとつのラインに乗ってしまったものを制作するのって、面倒くさいんですよね。ルーチンというか。まあ、有難いことに、そうすると必ず不都合が出てきたり、ここをもうちょっと直したいっていうところが出てきたりするから、まだそこで救われている。

これがほんとに、もし、やりかたを習得して、熟練したらそれから後はずっとやるだけ、というようなことがあるとしたら、すごくその仕事は辛いはずです。でも、そんなことは想像の中にあるだけで、世の中どこを探してもないと思うんです。ただ、思い込んでる人はいるでしょうね。仕事とはそういうものだと思い込んで、もう全然工夫しなくなって、ただただだしんどくなっている人は、多分いると思うんですよ。

「全部自分の裁量でできるから」とか「ものづくりがしたい」ということだったら、ガラスじゃなくてもいいじゃない、とはよく思う。素材が好きなのか、作ったり売ったりが好きなのか、本人でも分からなくなっている場合が多いと思う。

お金のことを考えてはじめないと、必ず痛い目をみる。最初から、収支のことは考えていないといけない。ずっと興味を持ち続けられるかどうかなどよりも、意外と強調されないけれど、いちばん大事なところなんじゃないかな。技術と努力に対してお金が入るわけだから。

自分らの仕事なんて、病人治したり、米作ったりする仕事じゃないから。今なくなっても誰も困らない仕事だというのを、ちゃんと分かっていたほうがいい。他人に威張るような仕事ではない。

だけど、そんなにやってて嫌な仕事でもないからね。我慢することがそんなにないから。自分を曲げるということがない。

組織に属していれば、自分は全然悪くないのに、人から理不尽な要求を突きつけられて、いつのまにか悪者にされてるようなことがある、それに比べたら。

嫌なことはなにかというと、自分の力のなさを突きつけられるのがいちばん辛い。今日はほんとは20個作らんとあかんかったんやけど、機械のトラブルもないし、生地もきれいだったけど、蓋開けてみたら、なんだ10個しか作ってねえじゃん、ということがよくある。そういう、自分の足らなさを突きつけられるところが辛い。

丹波にいた頃はね、仕事終わって軽トラで自宅に帰りながら、あまりにも自分の思い通りにいかないから、涙が出たことがあるんです。あまりにも失敗が多いから、凹みに凹んで。じわっと涙が出てきた。そのときに思ったのは、こんだけ悲しい思いをするにしても、結局は全部「自分」のことだと。「自分」が上手くいかなかったとか上手くいったとかいうことだけで、こんなに怒ったり喜んだりできるのは、恵まれてるんじゃないかなと思った。で、ちょっと気分がよくなって、まあ、その後にすぐコンビニに寄って、ビール買ったんです。ふふふ。

例えば小関智弘の『粋な旋盤工』に書かれている旋盤の仕事は、玄人相手の仕事なんですよね。そういう仕事もうらやましいなとは思うけど、やっぱり自分は器作りのほうがよかったな。普通の人が、普通の生活で使うもの、お酒飲むときのコップとかを作っていてよかったと思うんです。

もし、仮に鍛冶屋だったら、サバイバルナイフを作るよりも菜切り包丁を作りたいな。沢山の人間が使うようなものを作りたいと思う。

サバイバルナイフだったら、ワイルド系のおやじとかしか買ってくれないだろうけど、それよりも、普通の台所で使うようなものを作りたい。

沢山の人を相手にしたい。

そうやって、自分の影響力を感じたいという欲望があるんでしょうね。

その反面、業界内で高く評価されたいという気持ちも、正直ある。

普通の人には分からなくても、同じガラスやってる人間だったら、これはどうやって作ったのかな、と疑問に思うようなものを作りたい。

ガラスやっててよかったかな、と思ったのは、千葉に越してきてからです。設備ひとつにしても、溶解炉の制御とか、とにかく管理がたいへん。工房経営にしてもちまちまと細かいことまでいろいろ考えないといけない。

苦労しといてよかったかな、とちょっと思ったんです。しんどかったけど楽するよりもよかったかな、と思ったのは、金属でガラスの瓶の蓋を作ったときです。「鑞《ろう》付け」という工程があるんだけど、インターネットで見たページのとおりやっても、うまくいかない。2、3年、いくらやっても上手くいかなかった。だけど、そのあいだの幾つかの発見を元に、自分なりに工夫してみたら、できた。

これ、もっと楽な仕事をしてたら、粘りができてないなとそのとき思った。自分はけっこう、すぐ諦めるほうなんです。諦めて、他のものを探すっていうのが、自分の性に合っているんだけど、ガラスに金属の蓋は、これだけは絶対諦めずに実現したいと思っていたんです。

全然できなかった状態から、自分でノウハウを蓄積してきた。今まで自分が全くやらなかったようなこともやってみたり、あるいは人がやっていないことでも駄目元でやってみたりとか、そうしてきたから、こつこつやる能力が自分に付いてきたと実感できた。

そのとき初めて、ガラスしんどいけどやっていてよかったなって思って。ガラスがいうことをきくようになったな、と思ったのは、それこそ去年くらい。去年のしかも後半くらい。へへへ。

いろいろなことのね、因果関係が分かったんです。

下玉をこういった形にして、こうやって吹いたら、こういうのができるっていうのが、これは間違いないなっていうのがひとつ分かった。

どうして「分かった」と言えるかというと、応用が利くんですよ。

例えば、こういう形のコップはできたんだけど、同じ理屈で皿はできるんだろうか、と、皿に応用してみた。そうしたら、やっぱりできたんですよね。正しいんだなということが分かった。それが分かったのが去年の後半。

作業する前に、自信を持てるんです。

できるだろうという自信と、もし失敗したとしても自分は微調整ができる、理由が自分で探せるから、作業に入る前の気持ちが変わってきたというのがあって、なんとなく気分がいいんです。

徐々に不安はなくなりつつはあったんですよね、こっちに越してきたぐらいから。もう駄目だって、なにもかも投げ出すような状態ではなくなった。ちらっと、もしかしたら、あれかなっていうのが浮かぶ。今日は駄目だったけど、もしかしてあれが原因だったんじゃないかなというのが浮かんだり、もやもやっとした、なにかを自分は気付きかけているんじゃないかなあ、という感覚が出てきて。

それよりは、あそこだ、と、もっとはっきり分かればいちばんいいんだけど。でも、前よりはいいんです。ちょっと近付いているんじゃないかな、っていう感覚でも、ないよりはかなりましなんですよ。

我流でも捨てたもんじゃないな。中途半端に習ってたら、ここまでできないんだろうな。

白子訪問記

「自宅展示販売室」開き、九十九里の海

千葉の白子町にある「左藤吹きガラス工房」を訪ねるときは、東京駅から白子行きの高速バスに乗る。所要時間は2時間弱、運賃は片道１８５０円。ちなみにＩＣカードで払えば１５０円値引きされてお得だ。

春にスーパーマーケットで見かけると間違いなく手に取る葉玉葱はこの町で栽培されているというのは白子通いをはじめるまでは知らなかった。若い玉葱の緑の葉を食べる、という早春の風物詩。

２０１４年11月29日（土）

山手線の車窓から、雨が降り始めたのを確認する。東京駅八重洲口、午前11時50分発のバスに乗りこむ。屋根付きのバス停には7、８人はお客が並んでいたが、しかし私以外はみな後から来る成田空港行きのバスに乗る模様。他に誰も乗っていないバスだが「女性専用シート」と背もたれに記された席があったのでなんとなくそこに腰掛ける。出発するまでの数分間、

運転手とバス停の案内係が顔なじみらしくあれやこれやお喋りをしている。どちらも、おじさん。案内係は東京駅の北側に建設中の大きなビルを眺めて「あのビルずいぶん背が伸びたね」と言っている。運転手は「白子出るときはもう雨降ってたよ」と。

そうか、白子は朝から雨か。

バスが走り出す。高速に乗る前にひとり男の人が乗ってきたが、高速をおりて程なくして下車していき、また乗客は私ひとりになった。

「お客さん、どこまで行きますか？」

「白子車庫まで」

「はーい、じゃあアナウンス切っていいね」

フランクな運転手だなあ。下りるとき、帰りは先払いだからね、と教えてくれた親切な人だった。

バス停には、左藤さんが車で迎えにきてくれていた。停留所「白子車庫」から「左藤吹きガラス工房」までは歩いて10分くらいなので申し訳なく思うも、雨降りだけに有難い。

バス通りは商店街と称してはいるが、少なくとも左藤さんの家に着くまでは店らしいものは、ほとんどない。やっと、店を開けて品物を並べている魚屋があるなというところでその脇の路地を左折し竹林を抜けたところに、左藤家がある。

住宅がみっしりと立ち並んでいるわけではないが、このあたりでは比較的家屋が集まっているといえる地域だ。その間に竹林、畑が点在し、農業用水路も近い。

「火を焚いていたり大きな音を出したりしても、周りからあまり苦情が来ない、というのが心理的にいい。周りを気にしていると気疲れしてしまう」と左藤さんは言った。

本来は賃貸の物件を探していたそうだが、これといった出物がなく、１９７８年築、二階建ての中古住宅を３５０万円で入手したという。親子3人で住むにはちょうどいい広さかと思われる。自宅の東側に、工房がある。


今日は、工房に面した一室が「自宅展示販売室」として、午後1時から5時迄開放される日だ。しかも初日だ。

計画は数年前からあって、じわじわと準備が進められていた。元は客間だった六畳間に、棚やテーブルが入り、そこにガラスが並べられている。部屋に入って感じたのは新鮮さよりも懐かしさだったのは、棚もテーブルも、先日手伝いをした「もみじ市」（※１９６ページ参照）で使われていたものだったからだ。組み立てから手伝って、丸2日を共にした什器《じゅうき》だから、すでに他人とは思えなくなっている。

テーブルの下にふと目をやると、シロコが寝そべっていて驚く。気配を感じなかった。あまりにも静かで。見つめると、目を逸らす。シロコはシャイな犬だ。でも、なるたけ人の近くにいたいのだ。

私が着いたのは午後1時半過ぎ、ちょうど2組のお客さんが帰るところだった。どちらも、これまでにも何度か個展に来てくれている方々だという。もう1組というかひとり、首から一眼レフをさげた男の人がガラスをじっくり観ていた。左藤さんはその人に、オリーブ色の鉢について説明していた。お坊さんの托鉢の鉄鉢、その形を写し、ひとり用のサラダボウルとして作ったという。

品物を見るのに邪魔にならないように、お客さんがいるのとは反対側の、南向きの大きなガラス窓のほうに移動し、そこから工房に目をやる。工房の扉は閉まっているがそちらもガラス戸だから中の様子も覗ける。炉の中に、赤く燃えている火の色が見えた。

これまで幾度も燃料費の話は聞いていたはずだが、そのときやっとはっと腑に落ちた。ガラス工場は火を落とせない。

いつも火が点っている。いつも活きている、だから目を離せないし、なにやら昔の台所の、竈《かまど》の火を思わせもする。竈には荒神様という神が宿るとされた。火を絶やさないということから信仰が生まれたんだっけ。

毎日火が点っているということはそのまま日常＝「ケ」に直結する。

同じ食卓に並ぶ器であっても、やきものを作るときとは、火との関わりかたが違う。やきものは材料となる土を捏ね、轆轤《ろくろ》や型で成形する作業のあいだは火を必要としない。焼くときにはじめて火を使う。窯に火を入れて器を焼くのは仕上げの段階でもある。そのことからも、ガラスに比べれば非日常＝「ハレ」であるともいえやしないか。

雨は降り止まない。午後3時前には、すでに客は私だけになってしまった。この天気だしもう誰も来ないだろうと左藤さんが言う。そんなことないですよと執り成すも、結果的には左藤さんの見通しが的中した。

シロコに続き、ユキもやってきて、窓辺に敷いてあるマットの上で丸くなる。ユキは少し前に腫瘍の治療のため開腹手術をしていて、まだ毛が生え揃っていないお腹をかばうような姿勢をとっている。とはいえ、元気そうではある。

丹波の冬は今日みたいな陰鬱な天気だったな、と左藤さんが言った。

「冬、日中はしとしと雨が降っていて、夕方になるとしぐれてくる。そのかわり、春になると緩む。ふわーっと、脳内麻薬が出るような」

されどここは九十九里、午後3時半には西の雲が急に切れて陽が射し、狐の嫁入りを経て雨は上がった。

弥子さんと柚さんが3匹の犬を連れて、午後の散歩に出ているあいだ、左藤さんとふたりで話をする。

什器のこと、民藝のこと、「技術の向上」について。

「楽に設営できて、コンパクトな棚を、屋外展用にまた作ろうかな。〝のじいた〟でなにか作れないかな」

それはなんなのか、私は知らなかった。左藤さん曰く、野地板とは、ホームセンターにある厚さ1・2センチくらいの、鉋をかけていない、畳の下に敷くための板だそうだ。入れ子式の木箱を使っている人を見かけて、いいアイデアだなと思った、とも左藤さんは言った。

室内と屋外の展示は別物だと左藤さんは考えている。屋外では、縁日ならではの、いかにも掘り出し物がありそうな雰囲気を醸し出したいと。


なんだかんだいって、午後5時前には初日の店じまい。

左藤さんは、襟にボアの付いた、ホームセンターで売っているような、質実剛健なジャンパーを羽織って、それが合図でもあるかのように、ぼちぼちお酒を飲み出すことになる。

開店祝いにと、石巻の『カンケイマルラボ』から贈られた地酒「日高見」の四釜酒店限定の吟醸酒を、カラカラに注ぐ。ちなみに、カラカラとは沖縄の注器のこと。

ちょうど私は食の雑誌『dancyu《ダンチュウ》』の年明けに発売される号で、手持ちの酒器をひとつ紹介することになっていた。左藤さんのガラスを選ぶつもりだった。

「お客さんは、お酒を飲むのにオリーブの猪口を使うとよく聞く。僕が飲むなら、ショットグラスですね」

迷わず私も左藤さんのショットグラスで飲ませてもらうことにした。

弥子さんは、左藤さん、柚さんと私をくつろがせておいて、ビールを買いに出た。最寄りのスーパーマーケットまでは車で5分、自転車を懸命にこいで20分とのこと。程なくして、キリンラガーのロング缶を沢山とお米5キログラムその他もろもろを抱えて帰ってきてから、弥子さんも飲みはじめる。

*

弥子さんが用意してくれたおつまみとごはん

ごぼうと砂肝のしょうゆ煮
いわしのおから漬け。産直『ひまわり』で買った。
野菜いろいろピクルス
チゲ鍋。具は白菜、豚肉、キムチ、ひきわり納豆、にんにく。

丹波時代に、弥子さんが夜遅くまでの仕事をしていたときは代わりに左藤さんがごはんを作っていたという。でも白子に越してきてからは、よっぽどのことがないと台所には立たないようだ。

テーブルの下にはやっぱりシロコがいる。

チゲ鍋を食べ終えるあたりで、ユキがひーんひーんと鼻を鳴らし出す。

「あー、今晩はごはん炊かなかったから」弥子さんが言う。ユキはごはんが好きだから、いつも一粒二粒あげるらしい。丹波時代、ユキが若い犬だった頃には、炊いたごはんの上に茹でた鶏の笹身を載せカリカリも添えた、豪勢な食事をさせていた。「そしたらこんなに太っちゃって」と弥子さん。そういやユキはしばしば、ひーんひーん、と言ってなにかしらねだっている。弥子さんが台所に立とうとするとそのあとをついていくし。初めて左藤家におじゃましたとき、近所の人がお裾分けしてくれた、パックに詰められた天ぷらがテーブルに置いてあるすぐそばで、やっぱり、ひーんひーんとユキが鼻を鳴らしていた。犬らしいこの甘え声、久々に聞いたなあ、と思ったものだった。

夜10時を過ぎると、左藤さんは食卓の下に敷かれたホットカーペットの上にごろんと寝そべった。すでにそこに寝転がっているシロコ、クロの隣に。

去年の初夏に、ひと月あまり近所を放浪しており、どんどん痩せていく様子を見るに見かねた左藤家で保護されたクロ。テリア系の性《さが》なのか、とにかくよく吠える。私とはじめて顔を合わせたのは盛夏で、そのときは吠えるわ甘噛みするわで、たいへんな駄々っ子だなあとあきれた。今回の訪問では、噛み癖は治っていた。でも吠え付いてくるのは変わらない。立っていると、気に入らないというのか、恐いのか、盛んに吠えかかってくるが、そばにしゃがみ、目線を合わせるとやや落ち着いてくれる。
そのクロに向かっていつも「お前は馬鹿な男だなあ、御宿に捨てにいくぞ」などと憎まれ口を叩いているのに「クロ、一緒に寝るか」と珍しく優しげな言葉をかけて間もなく寝息を立てはじめる左藤さん。

11月30日（日）

弥子さんが用意してくれた朝ごはん

焼き鮭、大根おろしとレモン添え
白いごはん
わかめと豆腐とネギの味噌汁。出汁をとったあとの煮干しを犬たちにあげていた。
白菜の浅漬け。左藤さんのマカイに盛って。
ひきわり納豆＋ネギ

私のごはん茶碗は、２０１３年に左藤さんと、川越のギャラリー『うつわノート』での「琉球の風」と題したふたり展でコンビを組んだ陶芸家、松村英治さんの三彩だ。松村さんの器は実に使いやすいと左藤さんは言う。私もたしかにそう思う。

今日は「自宅展示販売室」店開きの2日目だから、食卓での話題ももちろんそのことだ。「作るのと一緒で、練習が必要だから」と、左藤さん。

弥子さんが「街のパン屋みたいになりたいんよね」と言う。出来立てを直に売る場所に。「昨日が、そのはじまり」左藤さんは言う。

朝食後、柚さんは教習所へ出かけた。

午前中の犬の散歩は、久しぶりに海へ行ってみようか、ということで、夫妻と犬3匹と私とで、車に乗って海岸へ向かう。

シロコは昨年買い替えたこの車に乗せられて動物病院に行ったという記憶が色濃いようで、すごく嫌がる、という風ではないのだが、体をこわばらせてぶるぶる震えていた。病院へ行くには右折するはずの交差点をそのまままっすぐ越えた途端にぶるぶるは止まり、口を少し開けて、笑っているような表情になった。クロは存外おとなしくしている。シロコがリラックスしたとたん、ユキはきゅーんきゅーんと鼻を鳴らしはじめる。弥子さんによれば、早く車から降りたいというサインだそうだ。

海岸の駐車場はけっこういっぱい、サーファーらが沢山、海に入っている。

空いている隅っこに車を止めて、海岸を散歩する。犬たちはみんなうれしそう。駈けるシロコは体の線が美しい。白馬みたいに見えるときもある。散歩するふたりと3匹の写真を後ろから撮りつつ後をついていく私のことをクロは度々気にして振り返るが、家の中と違って吠えつくことはない。

網をたぐっている漁師のおじさん、おばさんがぽちぽちといる。この浜で、まだ、ぴちぴち動いていた鰯を一尾見つけて、弥子さんが拾って、手開きして焼いて食べたらおいしかったと昨晩の食卓で聞いたのを思い出す。いかにも旨そうで、羨ましい。

浜辺は平かではなく、砂が強風に吹かれてできた凸凹があちらこちらにある。小高くなっているあたりに木の柵で囲まれた箇所が幾つかある。そこに産みつけられた海亀の卵を守るためだった。なんでも九十九里はアカウミガメの繁殖の北限だそうだ。

海の散歩から帰宅、シロコはまだ物足りないらしく、左藤さんと向かいの空き地でボール遊びをたっぷりする。そのあいだに弥子さんはお昼ご飯にソース焼きそばを用意してくれていた。しかし、東京行きのバスの時間が迫る。もう一本遅らせると、今日の店開きの時間が来てしまう。上天気だからもちろんお客さんは来るだろうし、これ以上私の相手ばかりをしてもらうのも申し訳ない。そんなわけで、ささっと食べておいとまする。ごちそうさまでした。

その日の晩に、左藤さんがメールをくれた。やっぱり、上天気だったからお客さんも多かったようだ。よかった。しかし、くたびれて、夕飯はスーパーマーケットのお惣菜だったという。前夜にもてなしてもらったこと、気を遣わせてしまって悪かったかなあという気持ちもある。でも、楽しかった。

この土日のことを書いた左藤さんのブログには「この仕事を始めて十数年経ちますが、作っている場所にお客様をお迎えしたのは初めてで、新しいことを始めた喜びで本当に一杯です」とあった。

エッグスタンドとコンビニエンスストア 『ｄａｎｃｙｕ』後日談

雑誌『ｄａｎｃｙｕ』２０１５年２月号で、左藤さんの盃を紹介した。寸胴で口が少し開き、薬用養命酒に付いているあのプラスチックのカップをイメージしたというもの。ほんのり青緑色が残るリサイクルガラス製だ。

２月号の特集は「日本酒クラシックス」で、その中の「呑みたくなる酒器」というページは、私を加えて６名が各々愛用の酒器を語るという趣向だった。ムーミンのマグカップ、織部のぐい呑み、有田焼の平盃、唐津の岡晋吾《おかしんご》作ぐい呑み、江戸切子。左藤さんの盃は写真うつりもよくて、ガラスのとろりとした印象もちゃんと分かるもので、ほっとした。

その記事を見て、一宮に住むサーファーがその品を求めに訪ねてきたという。コイケさん、という男性だ。彼は、晩酌のお供にぴったりだ、と、エッグスタンドも買い求めていったという。エッグスタンドには朝のイメージしかなかったが、どうやって使っているのだろう。後日、左藤さんとコイケさんと私、3人で話をする機会があり、訊いてみた。

コイケさんは酒のつまみとして、セブンイレブンの「味付き半熟ゆでたまご」を愛好しているそうだ。茹でてまだ熱いうちに飽和食塩水に浸して一晩置き、あらかじめ塩味を付けてあるという。私はセブンイレブンでそんな品が売られているのを知らなかった。ぼんやりとしたイメージのまま、ゆで卵って、レジの横にあるんでしたっけ、そう尋ねると、左藤さんとコイケさんはほぼ同時に「棚」と答えた。

「おつまみばっかり置いてそうな棚。チーズの横とか。最初は1個入りしかなかった。2個入りを出してきてるから、売れてるんじゃないですかね」

塩加減の塩梅がいいんですよね、コイケさんはそう言った。自分で塩を振るとむらになりがちだと。

「食卓塩ぱっと振って、少ないと物足りんし、付け過ぎると辛いしで、ちょうどいい塩の付けかたってなかなか難しいんですよね」と左藤さんも同意する。

左藤さんは工房の最寄りのセブンイレブンに、夏のあいだは毎日のように行くという。そして、ビールを買う。それは左藤さんにとっての「息抜き」なのだろうか。

息抜きの要らない仕事

談／左藤玲朗

別に、息抜きってわけじゃない。息抜きを必要とするほどの仕事でもないんですよね。途中で休めないんだけど、仕事自体は、息が詰まるような感じではない。ただ、ただ、消耗する。ストレスも、ほとんどないんですよね。腹立てることあっても。どんなにひどい失敗して、駄目だったあー、っていっても、全然、引きずるってことはないです。がっかりはするけど。仕事終わった後、やっぱり、ほっとするんです。なにか自分に、ビールの一本も付けてやろうかな。一日の終わりを、楽しく演出してやろうかな、そういう気持ちが働くんだと思うんです。それがあって、ビールをロング缶２本と、ナッツ類とかね。ビールは、あると飲みたくなるから、あまり買い置きしないほうがいいかなと思って、飲むぶんだけ買っとこうかなってていうのはある。あと、ほら、それこそ、ゆで卵とか、ちょっとしたつまみが欲しいな、とか。今はそんなには飲まないけど、丹波にいたときは、もう欠かさずロング缶２本は必ず飲んで、調子いいときはその後にウイスキー飲んだりしてた。

左藤さんの来し方

大分生まれ

左藤さんは１９６４年7月3日生まれ。

大分県の玖珠《くす》郡玖珠町で18歳までを過ごす。

幼稚園の行き帰り、その道にあった鉄工所をしばしば覗いていたのをおぼえているという。

小学校に上がって、また別の通学路を通るようになり、そこで、鍛冶屋の仕事場の風景に夢中になった。

「鉄を真っ赤っかに焼いて、がんがんぶっ叩く。かっこいいなあ。決定的に影響を受けた。鎌とか菜切り包丁とかを作っている、野鍛冶でした。道の端にあって戸を開けてたから、どうしても、覗く。僕以外でも、立ち止まってじいっと仕事を見ていた子どもがよくいた。でも別に、なにを言うでもなく普通に仕事をしていて。早よ帰らんと、ぐらいは言われたかもしれないけれど。全然見ずに通り過ぎる奴がいるのが不思議だったからな、なんでこんな面白いのを見ずに、馬鹿な奴だなと思って」

鍛冶屋の仕事ぶりには釘付けになって、いくらでも眺めていられるのに、学校の中では、左藤さんは「机に向かう姿勢がどうしてもとれない子ども」になってしまうのだった。

中学校の通学路もまた同じ道で、やはり左藤さんは鍛冶屋の仕事ぶりを飽きることなく眺め続ける。

「ただ、当時、自分が鍛冶屋になるのは無理だって思ってたんです。ああいう仕事って、親がやってるとか、特別なつてがないかぎりは参入できないってずっと思ってた。高校生のときぐらいに、なろうと思えば別になんでもなれるんだなと、やきものでも、鍛冶屋でもね、それとも吹きガラスでもね、手はあるんだと分かったけど。最初、かなり現実的に考えたのはやきものでした」

左藤さんにとっていちばん身近なやきものは、小鹿田《おんた》焼だった。

「それほど近くにあるわけではないけれど、心理的な距離が近い。小鹿田焼は今でも好きです。特に、らっきょう型の壺《つぼ》とか、あれはいいなあと思って。飛び鉋《かんな》の大皿はそのへんの家の床の間にはよくあった」

玖珠郡の隣、日田市の山間に、小鹿田焼の産地がある。小鹿田焼は江戸中期に興り、日本の古いやきものの里の中でも特異なまでに昔のままのスタイルを貫く。地元の採土場から掘った原土を、水力を利用して唐臼で砕き、蹴轆轤《けろくろ》で型取って、登り窯で焼く。全ての工程を電力に頼らないということに驚く。さらに、代々長男が跡を継ぎ、弟子も職人も置かない一子相伝を守っているということにも。

なろうと思えばなれる、という考えに辿り着くまでに時間がかかったのも、近くにあるクラフトがそういう特殊な形式を守っているものだったからかなあ、などと私は想像してみる。

「玖珠町の鍛冶屋さんはタカクラさんという方で、僕が前を通り過ぎてる子どもの頃、すでに60代でした。最後に鍛冶屋さんの前を通ったのが10年以上前、そのとき、鍛冶場にはおられなかったんだけど、まだやってたんです。聞いたら、それから何年かしてから亡くなって。90歳ぐらいのときはまだ現役でされてたんですよね。体の使いかたにも、無理がなかったんでしょうね。地元では有名で、お葬式も大きなホールで、沢山の人が参列されたようです」

その跡を誰かが継ぐことはなく、工場は取り壊されてそこにはアパートが建っているという。幼時の左藤さんが飽かず見つめた風景はもうそこにはない。

「物事を、すぐにいいほうに考えるのは、おばあちゃん子だからかな」

夜更け、お酒を飲みながら「諦めのよさ」について話していたときに左藤さんはそう言った。おばあちゃん、といっても実の祖母ではないらしい。

左藤さんは、教職に就いている両親と3つ年上の姉の4人家族で育った。しかし子ども時代の思い出話には、そのうちの誰よりも色濃く、そのおばあちゃんが登場する。

「父親は社会で、母親は小学校の先生だったんです。もう亡くなった親父は、最後は校長まで務めた。僕にも先生になってほしいと思っていたはずです。共働きだったから、お手伝いさんを雇っていた。昔はよくあったんですよ。近所のバッテリー屋さんの、ご隠居のおばあさんが、僕が生まれる前から、お手伝いさんとしてうちに来てくれていました」

もう好きで好きでたまらなかったおばあちゃんのこと、弥子さんはもう何遍聞いたか分からないというその話、私も聞かせてもらった。

おばあちゃん

談／左藤玲朗

もちろん明治生まれ、アラビア数字を書けないんです。ゼロを書くときに普通、下からぐりーっと書くけど、左と右から半分ずつ書いて合わせるの。でも、平仮名なんか書かすと、見事な字ですよ。震えているような弱々しい字なんだけど、すごくいい字なんです。

おばあちゃんには、小さい頃、いろんなものを作って見せたんです。ただ、地面に深い穴を掘ったりとか、生け垣の葉っぱを摘んでビニール袋に詰めたものとか、工作とも呼べないひどいものを、自分では、作品だと思って得意気に見せるんだけど、特に批評もしない。けなしもしない。真面目な顔で、ただ見るだけなんです。とにかく、真面目に見てくれるんです。

小学校高学年か中学生のとき、僕、学校ずる休みしてテレビ観てたんです。昔、昼過ぎは民放で洋画をやってて、刑事が、ハンバーガーを食うシーンがあった。田舎だからハンバーガーがない、食べたことがない。なんかパンに挟んでる、自分もこれ食いたいなと思って、食パンを2枚持ってきて、ハムとレタスをはさんで、びっちびちにケチャップを付けて食ってたら、おばあちゃんが、あんたが作ったのを一回食べてみたいね、って言い出したの。同じものを作ってあげたら、旨いともまずいとも言わないんだけど、ものすごく神妙な顔で、もそもそ、もそもそ食べてて、それを今でもおぼえている。

今、自分が作ったものを売るのも、それと同じような気持ちなんですよ。自分が作ったものを、ぱっと出してみて、この人喜ぶかな、それとも、なんだこんなもん、って思われるか、緊張感がある。おばあちゃんが、神妙に食べてた顔をやっぱり思い出す。どういう気持ちで食べてたのか、もう聞く機会がないから分からないんだけど。案外、これ、まずいなあと思って食ったかもしれない。とにかくそれを思い出す。

おばあちゃんは、うちで仕事をしてるときに脳梗塞で倒れたんです。僕が中2のとき。それでお手伝いさんは辞めても、近所の温泉の銭湯に来るときはうちを覗きに来てくれて。飼ってた犬も、喜んで。昔はよく放し飼いしてたから、温泉までお供して。あんたもう帰らんね、って言ったら帰る、賢い犬じゃね、と言ってました。犬の名前は、マダです。マダは、ユキにそっくりの、柴の雑種でした。性格も似てるかな。

亡くなる何年か前には認知症になってて、僕のこともね、分からなくなってたんだけど、人柄が変わらなかったです。僕のことを、あの子はもっと小さかった子やったけどなあ、こんな大きかったかねえ、と言って。大きなったんよ、と答えたら、それで納得してくれた。立派な人でしたよ。ほんとのおばあちゃんみたいじゃね、って言われるんだけど、本当のおばあちゃんよりも、もっと。

京都、学生時代

左藤さんが高校卒業後に進学したのは、東京造形大学のデザイン科だった。

「田舎の高校生だから、絵画とデザインの違いが分からないんですよね。高校の美術の先生には、絵は、お前けっこう描けるな、と褒められたんですけど、デザインは一度も。ぜんぜん向いてないのが分かって、無理だなと、2年時の途中で中退しました」

1年半の東京生活のあいだ、中央線に乗って新宿によく出かけていた。

「都心はやっぱり便利ですよね。映画館も沢山あるし、田舎になかったものが全部ある。でも、引っ込んだところに住んだから自分の人生にマイナスになるかというと、そこまでは思わない」

1985年、左藤さんは立命館大学文学部中国文学科に入学する。

実は私も立命館大学の出身だ。だから、立命館に入ったときの左藤さんが「手に職を付けたいと思っていた」と言うのにはやや違和感をおぼえる。しかも文学部なのに。

「職人としてやるんだったら、むしろ下地になる知識が要るんじゃないかって。社会学、民俗学、数学とか。いわゆるリベラルアーツじゃないけど、知っといたほうがいいかなと」

しかし「受験のときは、逃避的な気持ちで文学部を選んだのかもしれないですけどね。教員免許を取る、ということも。父親に申し訳ない、という気持ちもあったかもしれない」とも左藤さんは付け加えた。

「東京の大学でもよかったんだけど、寺社仏閣が好きだったんですね。なにか惹かれるところがあって。神さびた、渋いところもいいんだけど、観光客がいっぱいでぎとぎとした、境内でいっぱいお土産を売っているようなところも好き。京都外語大も受けました」

立命館大学は京都市の地図を広げると左上にあり、龍安寺や金閣寺、等持院が近い。最初に住んだのは車折神社の真ん前、それから北野白梅町、千本鞍馬口。家庭教師、診療所にて宿直、定時制高校の警備など、アルバイト三昧の日々だった。

3回生のとき、同じく文学部に入学してきた弥子さんと出会う。

ちょうどその頃、左藤さんは柳宗悦の『工藝文化』を岩波文庫で読んだ。とにかく、かっこいいと思った、という。

そうだ、かっこよさの前には抗えない。たしかにそう思う。

後になって読み返してみると疑問点が少なくなく、心酔した気持ちも冷めていくものの、この本はその頃の左藤さんを虜《とりこ》にした。

「当時は、なんでもこの思想で割り切れる、全部の事象が分かるみたいな、教条的なことが書かれているところが、よかった、たまらんかった。今から工芸を真面目にやろうって思う若い奴にとっては指針になっていたと思うけれど、各人、曲解していたはずなんです。都合のいいところだけ取っていたはず。真面目に考えたら、できないんですよ。破綻してしまう。よく読むと、柳宗悦は、個人では絶対に民藝を作ることはできないんだって書いてるんだけど、でも、天才にはできるとも書いている。天才とは誰かというと濱田庄司だったりする。それを見た僕は、どうしても民藝みたいなものを作りたいんだったら自分が天才になったらいいんじゃないかと考えた。力技で、ねじまげて理解していた。僕以外にもそう思った奴がいたはずです。

僕、当時から、濱田庄司が作るものあんまり好きじゃなくて。ぼてっとしてるとこが、やな感じだなと思って。むしろ、富本憲吉のほうが好きだったんですよ。京都の、美術館でも観たし、図版でも。濱田庄司が天才だったら俺も天才になれるんじゃないかって、ちょっと思った。

天才になろうなんて、作り手としてこれ以上の自己愛は存在しない。個人を超える、というのがかっこいい、個人を超えたいと思っていたのが、いつのまにか、自己愛の権化」

『工藝文化』に心酔し、曲解し、惑う左藤さんの頭を冷やしたのはやっぱり一冊の本、出川直樹『民芸――理論の崩壊と様式の誕生』だった。

「どうやったら美しいものが作れるか、という疑問の出発点に引き戻すやりかたがあざやかだった。〃この本が私を変えた〃なんて冗談じゃない、と思われるかもしれないけれど、たしかに出川直樹の本は、僕にとってそういう本なんです」

5年かけて立命館大学を卒業し、大分県立高校教員試験を受けるも不合格。

ひとまず帰郷し、高校の非常勤講師という職を得、日田の高校で1年間、現国を教えた。

「親が引越して空き家になってた玖珠の家に仮住まいして、日田高という、市内でいちばん賢い進学校まで車で通ってました。受け持ったクラスに三苫修《みとまおさむ》君がいた。当時は、三苫、って名字が珍しいな、ひょろっとしてる、としか見ていなかった」

当時の教え子だった三苫修さんはその後、陶芸家となっている。

「昔の知り合いで、この仕事についているのは三苫君くらいです。僕が仕事しはじめたときに、京都のどこかのお店で、これ三苫さんって人の作品ですよ、って言われて見たことがあったんですよ。あー、三苫か、同じ名字だなと、全然結びついていなかった。三苫さんっていうのはどこの人ですかって聞いたら、そのときに常滑に住んでいたので、常滑の作家さんですって教えられて。三苫っていう名字は、自分のとこの田舎だけじゃなくて、全国にあるんだって思っててそのまんまスルーしてて。後になって、東京で、三苫さんって作家は左藤さんの知り合いらしいですよ、って教えられて、そのときはじめて気が付いてびっくりしました」

沖縄へ　奥原硝子製造所

桃原さんのこと

談／左藤玲朗

非常勤講師の任期が1991年3月で終わって、翌月、沖縄に行きました。壺屋の窯元で働いてみようかなあと思って。行ってみたら、ガラスの工場のほうがインパクトが強かった。『奥原硝子製造所』には、バス停から歩いて行きました。近付くにつれて、地の底から響くような、ごーっという、ちょっと乾いた、重い音がして。

見学というほどのものではなくて、声も掛けずにただ外から覗いてみただけなんです。バラックみたいな建物の中、薄暗いところで、ごーっと火が燃えていて、職人がガラスを吹いている。

やっぱり、鍛冶屋さんの仕事場が頭にあったのか、ガラスのほうが仕事として惹かれた。火が赤々と燃えている。鍛冶屋さんは、ふいごでね、火起こしで、真っ赤っかにしてやってる。ガラスも、るつぼから巻いてきて。

当時は、るつぼの蓋は開けっ放しで、真っ赤に見えている。中が暗いから、余計に、るつぼの円形の開口口がね、かーっと、ほんとに、月みたいに見えてて。鍛冶屋さんのイメージに近かったです。地べたも土のたたきで、コンクリじゃなかったし。

僕が入ったときの『奥原硝子』は、道具も設備もなんでも古くて、ありあわせと自作の精神を学べました。

親方の桃原正男社長以下、従業員は僕を入れて5人。

ももはら、と書いてとうばると読むんですよ。やんばる、とかと同じで。わりとありふれた名字です。沖縄では。

桃原さんはやっぱりセンスがよかった。とにかく、腕もよかったけど、センスがよかった。形の作りかたがほんとうに上手かった。他の人が作ったものと並べると、歴然と、かわいそうなぐらい違う。例えば花瓶なら、同じ大きさなのに、植物の種子が膨らんでいるような豊かな感じを出せる人。

コップだと、何の変哲もないコップ、とはよくいわれることだけど、よく見ると幅があるんですよ。口の開きとか、見込みのどの辺から膨らますかとか、人によってけっこう違ってくる。ずっと見てたら分かるし、並べたら分かると思うんです。そこで常に正解を出す人。ちょっとね、ちょっと飲み口がすぼまってるんですよ、桃原さんが作ると。それも考えがあってのことだと思う。

単に、考えずに年を重ねて、長年やってるってだけじゃできない。よっぽど志が高いか、もともとそういうものを持っていたか、どっちか分からないけど、とにかく上手かったです。

桃原さんみたいな人を、職人というんだと思う。自分はそこまで全然行ってないし、そこまで行けないと思うから、別のところで努力しようと思って、やってます。


沖縄では、ひとりで一から十まですることはない。

吹く人と、仕上げる人と、生地を巻く人。最低3人1組ですね。

だから職人でも、吹きが得意な人と、仕上げが得意な人と。極端になるともう、仕上げできない、吹きだけとか、いましたね。

工場の仕事自体は上手くできてて、すごい下手なやつでも一部だけだったらできるんです。例えば、最初に僕がさせられたのは、ポンテの作業。ポンテ巻いて、転がして、付けるだけだったら、言われたとおりやれば、吹き手とか仕上げの人が上手ければ、なんとかできるんです。ポンテというのも、きれいにやろうと思えばすごく難しい作業で、今考えるとよくやらしてたなあ。

沖縄のポンテというのは、今、僕なんかがやってるポンテとか、現代の作家のポンテと違って、ちょっと特殊な、火山の噴火口みたいな形。

いいポンテというのは、作業中、保ちがよくて絶対に落ちないっていうのと、落とそうとしたときに簡単に落ちるっていう、ふたつの矛盾した特性を持ってて、その解決策として、円周はでかく、面積はちっちゃくってすると、結局そういう形になった。1年くらいはポンテばっかりだったかなあ。というか、2年しかいなかったからほとんどポンテで、最後はすごく上手くなってましたよ。多分、その頃は工場で僕がいちばん分かってたと思います、ポンテ。

社長はポンテ下手なんですよ。吹きの職人だったんで。

ポンテは助手の仕事なんです。そもそも沖縄の場合は、ひとりでガラスを吹くという制作じゃないから。必ず職人には助手がいて、自分で付けることはまずない。ポンテとか、把手《とって》付けたりとか、たいてい助手がやるんです。昔の職人ってやっぱりそうですよね。吹きは吹き、仕上げは仕上げって分かれているから、珍しい話でもなんでもないんですよ。先輩の職人とか、社長はポンテ下手だなあ、ってよく言ってましたよ。やっぱりやったことないとあんなになるんやなあ、って。

吹きの職人がする作業は、ガラスを巻き取って、リンをかけて、息を入れるというもので。鉄リン、という鉄製のボウルの中で形を整える作業があるんです。それをやらないと、ガラスは巻いたときは形がぐにゃぐにゃで、吹いても、形が不均一だからちゃんとまっすぐに、シンメトリーに息が入らない。きれいに膨らまないから、リンがけという作業をやるんです。巻いてリンかけて吹いて、なにがその中で難しいかっていうと、リンをシンメトリーにかける。かけかたで形が変わる。球形に近いような形にしたり、もっと長くしたり。それによって例えば吹き終わったときの底の厚さが違ってくる。

それから、ガラスの冷め具合をちゃんと見て、ちょうどいいときに息を入れる。息を入れるにしても、どれくらいの速度で入れるかとか、竿をどれくらい下に向けるかとか、コントロールしなくちゃいけないことがある。

例えばプレーンなコップをガラスで吹くとしたら、下手くそがやると、まず底が抜けるか、使いもんにならなくなるくらい薄くなるか、あるいはむちゃくちゃ分厚くなるか。

それはどこで調節するかといったら、どれくらいの温度まで冷ますかとか、吹く直前の形をどんな風にするかとか。

桃原さんは、作業するとき、ものをよく見てた。じいっと見てた。慣れてるから、そんなに神経質にならなくてもおそらくそこそこの形はできるはずなんですよ。でも、すぼまった形から、道具で開いていくとき、機嫌の悪そうな顔でじいっと、睨むようにして見ていた。眉間に皺を寄せて目を細めている。なんであんな顔してたんだと思うけど、今考えると、眼鏡をね、かけてなかったんですよ。職人には眼鏡をかける人とかけない人がいて、今はほとんど、目を保護する意味で、サングラスをかける。ガラスから熱が来るはずだから、それをじいっと見ようとしたら、熱くて細めてたんだろうなと今は思う。とにかく、首を傾げて、じいっと睨むようにして、ガラスが動いているところを見ていたんだと。僕も作業しているとき思うんだけど、どんどん動いて、形が変わっていくものは、見えにくい。いつのまにか、やりすぎちゃうときがある。結局、見ているようで、開く前と開いた後しか見えていない。1秒間に2コマしか見えないような。桃原さんは1秒間に10コマぐらい見えていたんじゃないかな。

『奥原硝子』の向かいにマンションがあって、社長はそこに住んでいた。奥さんは食堂を切り盛りしてて。マンションからは煙突が見えるんですよね。窯の調子が悪かったら黒い煙が出るからすぐ分かるって、ちょっと不完全燃焼すると、匂いもすごいし、煙もすごいし。


窯も全部、自作していた。

煉瓦を積み上げて、いわゆるエスキモーの氷の家みたいに天井をドーム型にする。下手すると、ごそっと天井が落ちたりして、けっこう組みかたが難しい。それも、設計図もなしでやってた。上のほうの煉瓦は、指ぐらいもある太さの鉄の棒を鍛冶屋みたいに自分で炙って曲げて輪っかにして、それで桶のたがみたいに締めて、ボルトで留める。

窯の底にバーナーをくぐらせて、炎を吹き上げるような形で、そこに放射状にるつぼがはまっている。炎がまわってくれなくて、全然火が当たらないるつぼとかが出てくる可能性もあって、火の流れをきちんと把握してないといけなかったんですよね。吹きの技術と違った技術も必要で、それができるのは桃原さんだけだった。今考えたら、相当なことを自分ひとりでされてたんだなあ。

作ったものを最後に徐冷炉に入れるというのは僕の役割だったんです。バーナーが不完全燃焼して、明らかにこれでは温度が下がる、っていう状態で1時間くらいそのまま放置していたことがあって。そのとき、いろいろなサインがあったはずなんです。明らかに中が暗いとか、匂いが変とか、燃焼音がおかしいとか。焚き口にカーボンが溜まっていたはずなんですよね。全部、気付かずに。

徐冷炉の温度が下がりすぎたら中のものが全部だめになるんですよね。

沖縄では、濡らした木のこてをコップの口に当てて水平にする作業があるんだけど、当てるのを忘れて、こうやってやるんだな、とただじっと見ていたことがあった。「こて、こて！」って何回も言われて、あっ、って。そういうことが沢山あって……あとになって考えれば、それほど怒られなかったな。

今考えたら、俺だったら半狂乱になって怒るようなことを、自分はやってるはずだけど、それにしちゃあ、あんまり怒ってなかったな、あの人、と思うわけです。

実は、最初は糸満の『琉球ガラス村』へ行って、人事担当みたいな人と話をしたんです。なんで『奥原硝子』にしたのかといったら、中を覗いたときも、同じ仕事ではあるんだろうけど、違う感じがしたなあ。ガラス村はわりかし、軽やかな動きで、いつもやってることを軽くこなしているっていう感じに見えて、嫌だな……とは、はっきりとは思わなかったんだけど、少し、釈然としない気持ちがあって。

でも、気になるんで、休日に、見学に行ってたんです。あと、名護のほうとか、何箇所か見に行くんだけど、やっぱり、進化の系統図を見るような感じで、やっぱり僕らがいちばん古い、プリミティブなやりかただった。進化って言っていいのかな。匂いが違う。窯も違うし、製法も違うし、原料も違った。ガラス村では、再生ガラスではなくて、ガラス化する前の粉状のバッチというものを使っていた。

僕は、沖縄ではバッチを使った経験がないんです。

『奥原硝子』では、原料といえば瓶を砕いて融かすのが普通だったから。

再生ガラスは、もともと、冷めるのが早いように調合してあるんですよ。自動製瓶器用に。いつまでもぐにゃぐにゃ柔らかいと瓶が歪んでしまうので、一瞬で冷めるように調合してある。一般的には、再生ガラスは扱いが難しいって言われているらしいですけれど、最初からそれで慣れてしまえば全然扱いにくくなくて、逆に使いやすいぐらいなもんで。むしろ工芸用のガラスのほうが扱いにくい。冷めたかなと思ったらまだぐにゃっとしていた、とか。

ただ、再生ガラスやってる連中は、なんとなく自分の腕がいいように思われるんで、難しいとか、卓越した技術がうんぬん、とか言っていますけど、そんなことはないですね。ふふふ。

「瑞泉」の一升瓶を、ひと月かふた月に1回、とりにいく。ワンボックスの車で、僕ともうひとり先輩の職人とで。東南アジアから輸入したインディカ米の入っていた、麻で編んだすごく大きな袋をもらって、それに瓶をばんばん詰めて、車の後ろに積んで持って帰る。それで「久米仙」というちばん大きな泡盛メーカーの、ペルシャの瓶みたいな、細首の、把手が付いて、下にワイングラスみたいなフットが付いた2合瓶を作りました。

戦前から、沖縄にガラスの工場はあったそうです。生活必需品、例えば保存瓶とか、浮き球とか、中にビールを入れて蠅《はえ》を追い込む、四次元の壺みたいな蠅取り容器とか。特に地域的な特徴があったわけじゃなくて、作っているものも当時の明治大正のガラスとほぼ一緒です。技術は内地から移入してきたのだと思います。

戦後、またガラスをはじめた人がいるわけですけど、アメリカの軍人向けのお土産として、注文が来だして。商売に聡い人がカタログを作って、どんどん商売として成り立つようになってきたらしい。

当時作られていたものは、アメリカ人向きに大ぶりで、頑丈で実用性があるもの。まず、分厚い。分厚くて、繊細ではないけれど、非常に洗練された形でいやみがない。今の沖縄ガラスとは全然違う。

当時のものは、やっぱりコーラの瓶の色をしている。米軍がいたから、コーラの瓶、セブンアップの緑の瓶、あとバヤリース、だいたいその三つだったのかな。

手作業で、ある程度の数をこなそうとして作った普通の寸胴のコップは、そう変わらない形になると思うんです。口はどうしても厚くなるし、底は型吹きするわけだから、かちっとした形になる。制約の多い材料だから、この温度、この作業時間で、とすると、どうしても、互いに似てくる。

フランスのBiot《ビオ》という地方で作っている泡ガラス、あざといといえばあざといんだけど、ぼってり厚めで、手作業で作ったというのが分かる。それは、やっぱり、メキシコの初期のにも、アメリカのにも、沖縄のにも似ている。製法から出てくる特徴というものは必ずあります。

僕はすごく沖縄のガラスが好きなんだけど、まるっきり違うやりかたで仕事をしています。技術は、習えていない。2年くらいじゃ習えない。じゃあ、現場にいる必要がなかったのかといったら、行った価値はあったと思う。

それこそ、精神論みたいになるけど、近くにいて、吹くのを見てるのと、ビデオで観たり、話を聞くのとはやっぱり違う。

人に弟子入りするのも、理想的には、真似にならないように、ちゃんと自分で意識をして、だけど、影響を受けるべきところはどっぷり漬かったほうがいい。そのふたつは矛盾しているから、なかなか難しい。自分の場合は、後から考えるとすごく運がいいなと思った。特に沖縄の場合は、理想的な形で、こういっちゃなんだけど、長くいなくてよかったなと思ってます。影響されて、技術も固まって、工場で一人前になれても、現実問題として、ひとり立ちしたときにかなり厳しいと思う。

*

『奥原硝子製造所』は1952（昭和27）年に那覇市与儀《よぎ》にて創業。桃原正男さんは1956（昭和31）年に入社し、1974（昭和49）年には同社の代表となる。2011（平成23）年、没。

現在『奥原硝子』は那覇の街なか、国際通りにある。左藤さんが出会ったときの桃原さんは、今の左藤さんとほぼ同じ年頃だった。

豆本『沖縄／ガラス／私』にあるエピソードで『奥原硝子』の休憩室にてみんなでテレビを観ていたら、地元の番組に、よそのガラス工場の若手が出ていて、いいガラスを吹けるときは心がきれいなとき、と話しているところが映ったという。それを観ていた桃原さんは「きれいごと言ってるよ。良いものが出来るのは体調が良い時に決まってるじゃないか」と言った。その台詞は心に残ったと左藤さんは書いている。私にとっても、この豆本のことを思い出せば真っ先に浮かび上がってくる話だ。

実際、左藤さんが『奥原硝子』に入る前、桃原さんは胃癌の手術をしている。

「当時は、告知しなかったでしょ。家族は知ってるんだけど。手術が終わって麻酔が覚めたときに胃癌だったというのを知らされて。で、ちょうど石原裕次郎が死んだというのも聞いて、ショックだったと言っていた。桃原さんは石原裕次郎が好きだったんですよ」

その経験があってこその台詞だったのか。

「うーん。もともと、そういう言い草が嫌いというのもあるんじゃないすかね」

安直な精神論を否定する人だったと。

「ああ、そういうところはありましたね。クールアンドドライな発言をする人ではあった。わりかしシニカルなことをよく言ってました」

もしかして、桃原さんのそういうところにもけっこう影響されたとか。

「されましたね」

フラスコのような形の花器は左藤さん修業時代の作。底を鉄板に付けて吹いたもので、泡が多いのはガラスを融かす時間がじゅうぶんでなかったからだそう

『奥原硝子』に2年勤めて、左藤さんは退職する。

「気管支の調子が悪くなったんですよ。窯を重油で焚いていたのが体に合わなかったみたいで、とにかく咳がよく出るようになって、喘息みたいな症状も出て」

左藤さんが離れて間もなく『奥原硝子』は与儀の工房を畳んだ。左藤さんが惹きつけられた「美しい廃墟」のような風景もそのとき失われてしまったのだった。


ガラス工場勤めの1年目に、左藤さんは沖縄に出てきた弥子さんと結婚をした。退職後も、弥子さんが志した染織の仕事のためにふたりで沖縄に留まり、左藤さんは沖縄の予備校に就職し、国語の教師として2年半勤めた。そのあいだに娘、柚さんが産まれた。

国語教師という仕事を本業にする気はなかったという。正社員ではあったものの感覚としてはアルバイトのつもりでいた、と。

「もう一回巻き直すか、という気持ちになっていた」

また別の方向からガラスの仕事に入るために、左藤さんは富山市立ガラス造形研究所の入学試験を受けるも一次で落ちる。

なぜか左藤さんは、受からなくてよかったな、と言った。

「まあ、学費も要るし家族もいるし、仕事もできない。お金的にかなり厳しい状況になってた。落ちたときはすごく口惜しかったんですけど、今思い返してみれば落ちといてよかったなと。ふふふ」

続けて、福知山高等技術専門校を受験した。木工の職業訓練校だ。なぜ木工かというと、このとき、左藤さんはガラスを諦めかけていたから。しかし、ここでも試験に落ちる。

やっぱりガラスの仕事をやったほうがいいのかと、左藤さんは、作家の元を訪ねることにする。このときには30代に足を踏み入れていた。焦っていた。

舩木倭帆《ふなきしずほ》さんの元を訪ねた。雇わないわけではないが順番待ちだと言われ、そんなに待ってはいられないと諦める。

京都府和知《わち》町で『精耕社ガラス工房』を主宰する荒川尚也さんを訪ねた。働かせてもらえればと考えていたけれど、精耕社で研修生になるという道を選ぶのは金銭的に無理だと悟る。

「荒川さんに、今から、誰かの下で一職人としてやっていくとか、技術で売るのはもう遅いけど、こういうものが作りたい、というイメージが明確にあるのなら全然遅くない、と言われて、それでかなり気持ちが楽になりました」

沖縄を離れ、いったん弥了さんの神戸の実家に身を寄せつつ、土建屋でアルバイトをしながらガラスの糸口を探していたところ、知人に紹介されたのが長崎『瑠璃庵《るりあん》』だった。

『瑠璃庵』は、大浦天主堂の程近くにある長崎ビードロの工房だ。

「観光客がばんばん来るところで、体験吹きガラスが主でした。そこではポンテの仕上げとか、体験吹きガラスのお客さんが吹いた作品の底にリューターでネームを彫るとかいう仕事をしていて、ただ、仕事が終わったあとにちょっと練習させてもらって、奥原硝子とは別系統の、アメリカのスタジオグラスと日本の職人仕事の半々ぐらいの技術を見ることができたのはよかった」

かつての『奥原硝子』では体験吹きガラスはやっていなかった。設備もなければ、やろうという提案も出ていなかったという。ガラス村でもまだ見学のみで、観光客が気軽にガラスを吹ける環境はなかった。


『瑠璃庵』に左藤さんは1年間勤めた。

まだ、どこに落ち着くか分からないから、ということで、そのあいだ弥子さんは柚さんと実家で暮らしていた。

「子どもに会えないのはさびしいなと思ったことはあるけど、電話で話したり、2回神戸へ行って、向こうも3回くらい来たから、2か月に1回くらいは会ってましたね」

長崎を離れた後、左藤さんは姫路の塾に、国語の講師として勤める。

「教材作ったり、授業のシナリオを作ったりする仕事に特化して、自分でもそれ向いてるなと思ったんですよ。予備校で3年間やってたから。ちょっと自信はあったんですよね。でも、ずっとここにいたら、この専門家になってしまうなってちらっと思って。

国語は特に、ちゃんと教えられる人は少ないんですよ。書いてあるのをそのまま読み上げるだけの人が多くて。向こうも、国語の授業を強化したいというのがあって、僕も模擬授業を教師の前でやるっていう、いちばん嫌な試験を受けて入ったので、実力は買ってくれてたと思うんですよね。でも僕は勤務時間が終わるとすぐ帰ってて、あんまり残業もしなかったし。役員になれ、と言われた。もっと働かせたかったみたい。それはできないからって、辞めた。2月の末くらいだったかな。寒さがちょっとゆるんできて、お水取りのちょっと前くらい、雪が雨になる、雨水のあたり。そういう記憶がありますね」

右手の怪我

左藤家の3人は1998年春に丹波に越した。なぜ丹波かというと、弥子さんが丹波布の勉強をしたかったからだった。

左藤さんは、製材所で働きはじめる。

「ハローワークで見つけた仕事。そこで大怪我するわけなんだけど……もし怪我してなかったら、もうガラスやってなかったかもしれない」

向き合って話すとき、表情や、着ている服のこと、それからガラスばかり注視していたせいか、言われてみるまでは気付かなかったが、左藤さんの右手の甲には傷跡が走り、中指は、歪んでいた。

「実際使える指は、親指、人差し指、小指のこの3本。中指の第2関節は動かない。薬指はもう、付いてるだけです。

親指と小指って大事だなと思った。特に小指は、付け足しみたいだけど、すごく大事。道具とかを持つときに、小指がないと支えられない。

もうひとつ思ったのは、手のひらも大事。レントゲンで見たら、手のひらにもちゃんと骨が通ってて、指を動かすときに全部動くんですよ。だから、なにかものを取るときに、無意識に手のひらまで使ってるんですよね。こうやって。あと、有難いのが、僕の小指は内側にぐいっと曲がるタイプだから、道具の扱いからすると、やりやすい。

もともと左利きで、鋏《はさみ》はずっと左で握ってたんですよ。でもこの仕事をするとき、どうしても鋏を右で取らないと仕事ができないんで、親指、小指が使えると使えないのとでは全然違ってて。まあ、運がよかったと思うんですよ。吹き竿でガラスを巻くのは、普通は左利きの人でも右でやるんですが、それは左に変えましたが。

あと、手先の器用さってあんまり要らないんだなっていうのも分かって。あくまで、仕事でいちばん大事なのは、段取りを自分で作り上げることができるかできないかということで、手先が人よりも多少器用とか、手が早いとかはそんなにたいしたことじゃないなと、それがよく分かった」

いわゆるクラフト＝手仕事という「手」が付く言葉だからそっちの意味に引っ張られてしまうのかな。ほんとは仕事は体全体を使ってやることなのに。

「うん、体全体と、頭とでやることですね」左藤さんはそう言ってから、重ねて、そうそう、と、確かめるように頷いた。

製材所の仕事とはどんなものだったのだろうか。

「例えば、台車に乗ってでっかい木をがちっとはさんで、その木自体をがーっとレールで動かして、のこぎりが回転しているところにすーっと送っていくような、製材所の心臓部の仕事をする人もいれば、フォークリフトで、木切れを片付ける人もいれば、トラックに木材を満載して大工さんのところに届ける人もいる。僕は入ったばっかりだったのでいろいろやらされてました。これといって熟練がすごく要る仕事でもないので、きつくはないけども、面白くもなかった」

ガラスの工房をいつか立ち上げるために資金を貯めよう、そういう目論見も、もしかしたらあったのだろうか。

「そのつもりだけども、現実味を帯びた計画でもないし、なんとなく、諦めムードになっていた」

そんな左藤さんは受験勉強をはじめていた。

「郵政外務受けようかな、と。郵便屋さんです。僕、配達する仕事が好きなんですよ。もう、ガラスなんか趣味にしようかなと思って」

ガラス工場の眺めに惹かれた日から7年が過ぎて、まだその風景の片鱗さえも自分で作り出すことができずにいて、いつになく投げやり、どうにも捨て鉢になっていた左藤さんは、働きはじめて5か月目、仕事中に事故に遭った。


「せっかくだから、使ったほうがいいな」

談／左藤玲朗

なにか端材を取ろうとしたときに、足元がつるっと滑って、帯ノコの刃が回転しているところに右手が巻き込まれて。軍手してたもんだから、それが巻き込まれて何回も切った。軍手するなと言われてたんだけど、手が荒れるからはめてたんです。そのときは妙に頭の芯が醒めた状態で、ちょっとすいません、救急車呼んでください、って言って。出血もそんなになかったんですよ。救急車が来て、担架に寝かせられて、アドレナリンが出てるから、特に痛いとも感じなくて。まず連れて行かれた病院では、一目見て、あ、これはうちじゃ無理だというんで、また救急車に乗せられて、地域の基幹病院の整形外科に行って、即手術。1週間くらいで帰れるのかなとか、ひょっとして縫うだけでうちに帰れるのかなとか、甘いことを考えていたら、けっこうでかい手術になるから1か月は帰れませんって言われて、びっくりした。

怪我の場合は警察の聴取があるんですよ。それがあったり、手術はこうで、今、手術室の準備しているからって説明があったり、筋弛緩剤みたいなのを打ったり。手術室入るまでは、早くなんとかしてくれんかな、と、ずっと思ってた。

全身麻酔じゃないから、手術中になにしてるかだいたい分かる。レントゲンぽい映像が映るんです、モニターに。外科手術はあんなに精密にやるんだって知らなかった。こんなばらばらになってる骨を、ワイヤーで一個ずつ留めることができるんだなって。神経も、顕微鏡で見ながら繋いだりね。想像してたのと全然違ってて。かなりぼんやりして、ただ、なすがまま。寝たまま、自分はなんにもしなくていいんだなあ、ああ楽やな、よかったとか思ってた。麻酔の影響もあったんでしょうね。視界ははっきりしてたけど、幻覚っぽいのも見えたりなんかして。まあ、麻酔が切れるまではわりと落ち着いていられたけど、切れたら痛い、痛い。疼痛がもっとひどくなった感じ。

右手の人差し指と親指が動くのは、当初から、麻酔が醒めてからは分かった。とにかく、麻酔が醒めてからはもう痛くて、他にあんまりものも考えられなくて。傷がものすごく沢山あるので、どこが痛いのか分からなくて。痛み止めも点滴してもらってるんだけど、そうそう効かない。だけど痛みはすぐ引いたほうらしいんですよ。夜、寝てたのを思い出すから。夜中に寝てたら、先生が入ってきて、あれっ、寝てる、ごめんなさいとか言って帰ったのを聞いてた覚えがある。普通は朝までまんじりともできないらしいから、まあ、ましなほうだったんじゃないんですか。ただ、朝、ガーゼを交換するのは痛かったですけどね。くっついてるから、傷口に。それも1週間くらいですね。

僕、点滴が駄目で、怖くて。でも、2、3日、朝晩とやられてるうちに、なんで点滴なんか怖がってたのかなと思った。ま、僕の怪我なんて、大したことなかったんですよ。頭蓋骨が割れたとかね。大腿骨を粉砕骨折したとか、ひどい人がいて。それに比べたら、全然。足やった人は、車椅子で、トイレに行くのも介助がいるんですけど、僕なんかは、手を上に上げて歩けば大丈夫、どこにでも行ける。売店に行ってなにか食ってもいいし、煙草吸っててもいいし、漫画を読んでても、テレビ観ていてもいいし、入院中はね、楽だったですよ。1か月、最後のほうはもう退屈してたけど。

せっかく手が動くようになったから、ガラスやったほうがいいなと思った。せっかくだから、使ったほうがいいなと。

まあ退屈なもんで、休憩室とかでね、周りの入院患者のおっさんと、どしたの、どうやって怪我したの、とか、いろいろ話するんだけど、そういうことあるんだったらやったほうがいいよ、できるうちにやったほうがいい、まだ若いから、って言ってくれた。土地が見つからなかったら貸すとか、使ってない田んぼがあるからどうにもならなかったら工房をそこに建てたらいいとか、食えなかったら、自分の工場で働かしてやるから、とか、いろいろ親切に言ってくれて。退院した後に、年に1回、患者の会があった。ひとり、世話役みたいな人が、今度あそこで飲むけど来る？　って電話かけてきて。全員で会ったのは2回ぐらいだけど、知り合った人とは、わりかしよく顔を合わせてましたね。

年末まで入院してました。

退院してからもリハビリに通ってて、その間に、労災の手続きとか、いろいろあって。2月に2回目の手術、ワイヤーを抜いた。普通はもっとゆっくり手術をすると言われたんだけど、最短の日程でお願いして。終わったらすぐに工房の土地を探しはじめた。そのときは絶対やるんだという気持ちになっていた。

「1999年の夏に見つけた土地は、今思ったら最高の場所でした。見つかったときは、ほんと嬉しかった。でかい音を出してもいいし、民家からも離れていて、かといって幹線道路からすごく離れているわけでもなくて。気候さえよかったらね。

製材所のほうにはもともとガラスをやりたいという話はしてたんで〝迷惑かけてすいませんでした。退院したら、労災のお金を全部使って工房を作ってガラスをやります〟と挨拶をして〝まあ頑張れ〟と言われて。工房を立てるのにもその製材所の木と、知り合いの大工さんにお願いしました。まあ、そりゃそうですよね、いろいろ迷惑をかけたし、お世話にもなって、他のところに頼むのはまずい。図面も書いてもらって、労災の手続きもやってもらったりなんかして、けっこう通いました」

工房が完成したのは翌年6月。8月には「左藤吹きガラス工房」の記事が丹波新聞に載った。取材を受けたのははじめてだった。

弥子さんはこう言う。「うちの父親がよろこんで、記事の切り抜きを額に入れて手づくり市に持っていって飾ったらいいとか言われて。それはちょっとなあ、って、没になった。昔の人だから嬉しかったみたい」

しかし、そこからガラスの仕事はするすると軌道に乗ったわけではなかった。

「最初に作った炉がどうしてもうまくいかなくて、炉を見せてもらいたくて、その年の12月には倉敷の小谷真三先生のところへ行きました。いろいろ不安もあったんで」


小谷真三、というガラス作家の存在を、左藤さんは高校生のときに知った。おそらく新聞記事かなにかで見たのだろうという。

「ガラスの学校の生徒で、小谷さんを知らない人がいたんですよね。ガラスやってて小谷真三を知らねえ奴がいるってことを知らなかった、僕は」

小谷さんがどんな風に仕事をしているのか、また、人となりなどをつぶさに知ったのは大学を出て間もないときだった。左藤さんは一冊の文庫本を手にした。宮尾登美子『美しきものへの巡礼』。表紙からして、小谷真三作の青色の紐巻き胴丸瓶がど真ん中にあしらわれている。

『美しきものへの巡礼』は宮尾登美子が選んだ12点の「美しきもの」の作り手を訪ねた柔らかいルポである。日本に昔からある手仕事が主で「てまり」「菊作り」など日常で使う道具よりは鑑賞するためのものが目立つ。

宮尾登美子が小谷さんのガラスに触れたのは、倉敷土産としてご近所の書店主から小谷さんの蓋付きガラス瓶をもらったのが最初だという。クリスタルガラスとは違って親しみを持てる「人のよいガラス」だと書き表す。「いままで接したガラスにはないとてもあたたかな、人の体温のようなものがこの器から伝わってくる」「それでいて品位をくずさず、しかもうれしいようなかなしいような一種のロマン性を秘めている」と、その個性をえがいている。

小谷さんへの取材は1980（昭和55）年におこなわれたとある。小谷さんは1930（昭和5）年生まれだから、当時は50歳だ。そういえば、左藤さんは1964（昭和39）年生まれで今年51歳になるから、この本とほぼ同じ年頃のときの仕事の記録になるわけだ、と気付いた。そこで宮尾登美子は小谷さんの仕事を「男ざかりの、わき目もふらず我が道をゆくすばらしさ」と書いているのが目にとまる。「男ざかり」とは自分では使ったことのない表現だ。年頃では左藤さんも「男ざかり」だといえるのだろうが、そう言い表してみようとは思いもつかなかった。正直いって、ひとりの人をじっと長いこと見つめて話を聞いて、それを文章に起こすというとき、相手が異性のほうが気が楽だ。別の生き物だからこそ、自分と重ねすぎず、入り込みすぎず、向き合いやすいのだと思う。左藤さんのほうがどう思っているのかは別として。そうは言えども、男らしさ、というフィルターを掛けずに相手のことを見つめたいと思っているのもほんとうだ。

閑話休題。

私も、小谷真三という名前はどこでどう知ったかは思い出せなくても、20代の前半にはすでに聞きおぼえていた。当時の私はプロダクトデザインを入口に、それなりにクラフトや民藝に興味は持っていたけれど、今のように前のめりになって観るような状態とは程遠かった。その私の耳にもちゃんと届いていたくらいだから、やっぱり名高い人なのだ。

実は小谷真三作の盃もひとつ持っている。12、3年前に、倉敷民藝館で購入した。そのときはガラスだからというのではなくて、小谷さんだから買った、というのもおぼえている。『美しきものへの巡礼』から十数年後、ガラス業50年を記念して発刊された『小谷真三の仕事』には、小谷さんの来し方にもたっぷりページが割かれている。

小谷さんが吹きガラスの仕事に就いたのは1952（昭和27）年。ただ、当初はクリスマスツリーの飾りに使う小さなガラス玉専門だった。10年程続けた後、倉敷に窯を作り、独立したという。1964（昭和39）年に、近所の接骨医を訪ねたことがきっかけで、コップを吹いてみようと思い立つ。そのお医者さんは倉敷民藝館に通い、創設者である外村吉之助《とのむらきちのすけ》と懇意にしていた。そのため、外村吉之助がメキシコから持ち帰ってきたコップを手本にして、見よう見まねで作ったという。

ただ、ガラスを吹いたことのない私としては、小さなガラス玉からコップへ、ひょいと飛び移ることができず、試行錯誤の日々が数か月続いてやっとできあがったコップも底が平らではなくゆらゆらしていて恥ずかしく思った、というエピソードが、いまひとつのみこめない。同じガラスなのに、そこまで違うものなのだろうか、左藤さんに尋ねた。

「うん。ほんとに違う。例えば、やきもので、ずっと手びねりでしか茶碗を作っていなかった人が、轆轤で作るみたいな……それよりもっと離れてるかな。やきものの、轆轤の職人が、漆のお椀作れっていわれるようなものかもしれない。漆なんか全然扱ったことのない人がね。あ、そっちのほうが近いかもしれない。最初吹いて、玉になりますよね。玉になった状態から、どうやってコップの形にもっていくかっていうのを知らなかった。

でも、ほんとにびっくりしたのは、ポンテを知らないままコップを作りはじめたこと。底に傷があって、その傷になにか意味があるんじゃないかって直感してた、あれはすさまじい話だなと思いました。そこまで知らない状態から作った人って、歴史上にもあんまり居ないと思うんです。外村吉之介も教えてやれよ、って思いますけど、みんな知らなかったんでしょうね」

ひとつひとつの工程を、のたうちまわるようにしてまさに手探りで解明していったところにも、左藤さんはシンパシーを感じているはずだ。

当時の小谷さんは、ようやくコップを上手く成形できるようになっても、なぜかすぐに割れてしまうという謎を解明できないまま2年あまり悩み続けたという。

「今からしたら信じ難いことですけど、みんな、除歪《じょわい》の知識がなかったんですよね。ガラスを作ったあとの作業としては、まずは除歪、中の歪みを取り去って、で、その状態で徐々に冷ます徐冷《じょれい》が必要。ガラスを急激に冷ますと割れるのは、小谷さんももちろん知っていたと思うんです。作ったものをそのまま放置しとくとぴしっと割れるから、ああ、急に冷ますと割れるんだな、というのは容易に分かるんですよ。

江戸ガラスの時代は、幕末までは、まだくすぶっている熱い灰の中にガラスをずぼっと埋めておいた。灰が冷めていくにしたがってガラスも冷めていく、ゆっくりゆっくり冷めるんだけど、実はそれだと、ガラスの内部の歪みがまだ残ったままなんです。僕が使っているようなリサイクルガラスだったら530℃くらい、工芸用のガラスだったらもっと低い、500℃以下の温度で、5分間くらい止めておいて歪みが解放されるようにしないといけない。それが除歪。

除歪は、ガラスが厚ければ厚いほど重要になるんです。厚いほど、中に応力と張力が残りやすいし、強く働きやすい。徐冷しかできていなかった時代の江戸ガラスというのは、薄いけど、やっぱり弱い。よく聞くのは、扇風機前に置いといたら割れたとか。それはまだ、除歪ができていないからなんです。

人から教えてもらった技術と、自分で新たに発見した技術とは、同じ技術であってもやっぱり違う。例えばポンテでもね、けつにこれくっつけといて切り離してあぶるんだよ、って、教えてもらえばすぐ済むことなんですよ。ところが、知らなかったら、下手したら1年くらい悩むかもしれないです。1年かけて、自分で発見するのと、人から教えてもらったのはやっぱり違う。なんでかと言われたら、説明し辛いんだけど、違う」

ガラスをひとりで吹いて、苦心の末に、いいものを作っている人がいる。その存在を知っていたからこそ、左藤さんも、工房を立ち上げようというとき、まずは自分ひとりでやってみようという方向へ動いた。

しかし、不安でいっぱいだった。

「まず、炉ができるのかどうか。溶解炉もひとりで作れて、技術的にもひとりで大丈夫だという確証を得たかった」

小谷さんの工房をかつて訪れた人からも、訪問を勧められた。

「ガラスをやっている人間だったらすごく温かく迎えてくれるから行ったほうがいいよって。あと、ひとり用の溶解炉は小谷さんのを見たほうが絶対にいいと言われました」

小谷さんと桃原さん

談／左藤玲朗

往復葉書を出しました。

葉書が返ってくるのとどっちが先だったか、小谷さんは電話をわざわざかけてきてくださったんです。いつでもいいからおいで、って言われて。優しい方です。

丹波から倉敷まで、軽トラで、3時間ぐらいで着きました。

着いたのが朝の8時。まだ、溶解炉に火を点けてなかったんですよ。わざわざ点けずに待ってくれて、点けるところから見せてくれて。窯が暖まるまで、一緒にどっか連れてってやろうかっていわれたんだけど、それはいくらなんでも厚かましいから、大原美術館に行きました。ぐるっとまわって、観て帰ってきたときにちょうどお昼ぐらいかな。小谷さんは生地を投入しはじめた。その後、ご自宅のお部屋で昔作ったものとか、写真とかいろいろ見せていただいて。作業しはじめたのは午後2時すぎ。それも、ほんとは制作というよりも、僕に見せるためですよね。わざわざ来て、かわいそうだからっていうんで、5時ぐらいまで、ワイングラスとかいろいろ作ってくれて。そういう段取りにしてくださったんでしょうね。ほんとに申し訳なかったなと思って。一日、僕のためにつぶれて。よく、あんなことをしてくれたなと思います。見に行ってよかったです。安心した。ひとりでできるんだって。大丈夫だと。わだかまりが、心配事がなくなった感じ。歯医者に行って、悪いところを治してもらったみたいに。

仕事をやればやるほど、小谷さんは偉いな、という気持ちが出てくるんです。なにしろ、第一人者ですからね。小谷さんがはじめた頃、周りに誰も、ひとりでコップを作る人なんていなかったわけだから。師匠の風を受け継ぐのが普通で、最初からひとりで作ってるなんてあり得ない。誰もしてないときにやったから、話す一言一言に重みがある。

自分はひとりで誰からも教わらずにやらないといけないような状況に置かれているんだけども、まだまし。かつて自分よりもひどい状態からスタートした人がいるんだから、大丈夫、という安心感もある。そこは大きいですね。

小谷さんの場合は、メキシコや古い中近東のガラスを自分なりに解釈して咀嚼して作ってるんだけど、やっぱり咀嚼の仕方が上手くて、なんだか昔からこういうものがあったんじゃないかと思わせる。でも、冷静に見ると、ないんですよ、そんなもの。

今、作家としてやっていくときに、民藝調のガラスを作ることは結局小谷先生の真似になるんですよ。どうあっても。

小谷さんの作品は、すごく好き、すごくいいなと思うけど、民藝調だからいいんじゃない。作家として優れてるからいいのであって、民藝調が優れているわけではないと思うんです。

ガラスが民藝になることはない。そんなことはありえない。地元の素材じゃない点で、すでに駄目なんですよね。


小谷さんは『奥原硝子』に行ってたことがあるんですよ。

桃原さんのデスクに、小谷さんの本『倉敷ガラス』があった。送ってくれたんだって。この人は昔うちに見学に来てたことがあった、と言っていた。1週間ぐらいいたらしいんだけども、なんにもせずに、ただずうっと見てた。普通だったら、ちょっと手伝おうか、とか言うんだけど、ずうっと見てるだけだった。

小谷さんに、僕は『奥原硝子』にいたと言ったら、自分も行ったことあるって、沖縄に渡航したときのパスポートを出してきてくれて。沖縄が日本に復帰する前だから、パスポートの写真がものすごく若い顔だった。何十年かぶりに奥原見にいくんだ、と、すごく、懐かしげにおっしゃっていました。そのときはすでにもう、奥原の場所は移ってたんですけどね。

桃原さんと小谷さんは、感じが似てるんですよ。なんとなく、僕から見たら。家内は、顔が似てるって言うけど、僕は顔はそんなに似てないと思う。たしかに雰囲気が似てるところがあるなとは思って。

例えば、なにか自慢するときも、もってまわった言いかたはしない。

ちょっと自慢していいか、って、うれしそうに言って。ものを見せるときも、どーれ、いいだろう、と出すタイプ。

小谷さんは、自分が作った道具なんかを、うれしそうに出してきてくれる。顔を熱から守るための前が網になってる道具を、自分でかぶってみせたりして。

工夫するのが好きなんでしょうね。道具作ったりするのが。そういうのを自慢するときの、いやみのなさ。桃原さんもそうだった。

いやみがないんです、とにかく。自慢するにしても。特に腕のある職人というのは、必ず自慢話をするんですよ。その話の仕方、そこに品が出る。

やってることとは対照的です。桃原さんはたたきあげで、こうしろと言われたとおりにやってきた人だと思うんですよ、途中まではね。

桃原さんがよく言ってた。自分は10年で全部仕事をおぼえた、って。入ったのは17歳ぐらいのときだから、30前に一人前の職人になっている。僕が『奥原硝子』に入ったとき、桃原さんは50歳。27歳から50歳までのあいだ、どうしてたのかな、と考えたときに、今までそのまんまきてはいないんじゃないかなって考えたんです。こうしろ、って言われたことを、ちゃんと自分でできるようになって、できたからもういい、とは思っていなかったはず。

だけど、職人は一生修業だから、みたいな言いかたはしなかった。そういう俗っぽい言いかたは嫌いな人だったんでしょうね。

吹きガラス工房開く

沖縄の技法で製作

廃品溶かし材料に

青垣の左藤玲朗さん

空気を送り、膨らんだガラスを見る左藤さん。コップ換算で、1日に20個から30個焼ければ上出来だという。「雰囲気のいいお店とかで使ってもらえたら」＝青垣町西芦田で

沖縄で伝統的な琉球ガラスの手法を学んだ左藤玲朗さん（三六）＝青垣町沢野＝が、青垣町西芦田に吹きガラスの工房を開いた。小、中学校時代、通学路に鍛冶屋があり、火の前で働く仕事がしたいと憧れていた左藤さん、念願かなって自分の窯（かま）を持った。空きビンを砕いて溶かした材料を使って、マイペースで作品を作り始めている。

左藤さんは大分市出身。京都の大学を卒業後、沖縄に渡り、泡盛のビンなどを再び蘇らせる琉球ガラスの昔ながらの技を伝える工房で修行した。その後、長崎の工房にも行き、沖縄とは違った技法も学んだという。

妻の弥子（みつこ）さんが、丹波布の長期伝承教室に通うため、二年前に青垣に一家で移住。青垣で場所を探し、自分で作業小屋を手作りした。

材料はゴミとして捨てられた物を再利用する。ガラスが溶けて作業ができる温度になるのに四、五時間かかるため、朝窯に火を入れても制作が始められるのは午後から。ブローパイプと呼ばれるステンレス性の吹きサオを千二百度ほどで燃え盛る窯の中に入れ、中で溶けているガラスを水あめを巻き取る要領ですくって、息を吹き込んで形を作ってゆく。

「再生ガラスでない物も試したけれど、渋い沈んだ感じがでない。いい意味で前近代的な琉球ガラスの手法を生かしながら、好きな物を形にしてゆけたら。作家物みたいな芸術作品でなく、普通に使ってもらえる物を作ります」と話していた。

丹波　2001年のコップ

2001年、窯が完成、無事に稼働。ガラスを吹き、コップを作りはじめる。

いよいよ、左藤さんのコップが世に出る時が来た。

卵農家を経営している知人が仲間と野菜直売所を立ち上げ、そこに誘われて、並べたのだった。そんなに長いこと置かなかったし、売った数も全部で20個程だったというが、たしかにデビューしたコップを、お客さんがお金を出して買っていった、というのはほんとうだ。

左藤家の本棚の隣に貼ってある昔の写真の中に、子どもの頃の柚さんが両脇に子犬を抱えているというものがあった。ちょくちょく工房を覗きにきていた丹波新聞の記者が撮ってくれたそうだ。左藤家の3匹の中では最古参の、ユキとの出会い。

4月のある朝、左藤さんが工房に着いたところ、おもてに積んである廃瓶を詰めた袋の後ろから2匹の子犬が登場したのだった。

「それまで怖くて陰に隠れてたのが、人間がきたもんだから、安心して、クンクンいいながら出てきた。どうしたのお前たち、って」

もう、その日は仕事にならない。

「2匹連れて、近所のおばさんに、誰かこの辺で犬いなくなった家はないかとか、ばかな質問をしてたら、いやあ、この桜の時期は、捨てにくる人がいるから、捨て犬なんちゃうかと言われて。貰い手はすぐ見つかったんだけど、ユキは、柚が飼いたいっていったから、しょうがねえや、と。僕は子どもの頃飼ってたけど、家族では飼ったことがなかった」

当時、左藤家の住まいはペット禁止の町営住宅だったため、ユキのために築80年の一軒家に引越しをした。

9月、京都『知恩寺』境内で催される「百万遍さんの手づくり市」に初出展する。その頃には「左藤吹きガラス工房」の商品には、猪口、小鉢なども加わっていた。

市が15日で、アメリカ同時多発テロが11日だったから、とりわけこのときの記憶は鮮明だそうだ。

『魅惑の京都』というムックで弥子さんが市の記事を見つけたことが出展のきっかけだった。

「電話をかけてみたら、ガラスはけっこう競争相手多いけど、よかったら出てください、と言われて。実際出してみたら、思った程じゃなかったです。まだ門真のリサイクルセンターで働いていた『翁再生硝子工房』の菅さんが売りにきてたぐらいかなあ。当時は、そういう定期的に開かれてる市というとそれぐらいしか見当たらなかったんじゃないかな。まだ抽選もなくて、誰でも出せました」

陶芸家の水垣千悦《みずがきちえつ》さんも、駆け出し時代にこの市に出展していたそうだ。そこで求めた水垣さんの小皿は晩酌のお供にぴったりだったと左藤さんは言う。その小皿は残念ながら割れてしまったが、そののち、左藤さんのガラスの取り扱い店でもある『黄色い鳥器店』での水垣さんの個展に行って、染付けの飯茶碗を手に入れたという。見せてもらって、たしかにごはんを盛りたくなるというか、そのためにいそいそと米を研ぎたくなるような器だなと思った。

「百万遍さんの手づくり市」は1986年にはじまったそうだ。開かれるのは朝9時から午後4時まで。当初は数軒の出展で、1990年代に入る頃には50軒を越したという。今では出展数は350軒を越えている。

2003年より、出展するには往復葉書で申し込んでのち抽選結果を待って、となる。

ここで、私と京都の市の話をば。北野天満宮の境内で毎月25日に催されていた市「天神さん」を私がしばしば覗いていたのは1995、6年頃だった。当時は百万遍に足を運ぶことはほとんどなかった。左藤さんが出展していた前後にも京都に暮らしていたし、百万遍界隈もうろつくようになってはいたのだが、そうなったらなったで、喫茶店のアルバイトとミニコミ作りと夜遊びが忙しく、市が開かれる日中にはのんびり街を歩くこともなくなっていた。無念。知恩寺の門前に「私が創りました。買って下さい。手づくり市　毎月十五日」とある大きな看板があったのは記憶している。京都を離れた後、２００４、５年くらいに京都の友達に、とにかく最近の手づくり市はこれまで以上の大賑わい、と聞いたのもおぼえている。

手づくり市に出していた頃の「左藤吹きガラス工房」の商品には今よりも3割ほど安い値が付いていた。

「完成度が高くないというのは自分で分かってたんで。作りかたを誰かに教わってれば、そんな長いこと苦労しないで済んだんだけど。今の自分が、当時やってた自分に教えたとしたら1年も経たずに思うように作れてたと思います。教えてくれる人がいれば ね、そんなもんだったと思うんですよ」

ガラスの学校に行っておけばよかった。いや、今からでも行きたい。今、行きたい。当時の左藤さんはまだその思いにとらわれていた。

「教えてもらえる、練習だけの時間があるというのが、うらやましかった。自分の窯があって、原料があるんだから、そこで練習すればいいんだろうけど、本来だったら家族を養うために製品を作らないといけないのに、練習だけするのはものすごく後ろめたい気がして。学校に行ってる人は、練習して、上手くなったり発見があったりしたらすごくいい気持ちがするんだろうなとか想像したりして、うーん、うらやましかったですねえ」

2002年、大阪は交野での小規模なクラフトフェアに参加した。残念ながら売り上げはあまり芳しくなかったものの、そこで知り合った木工作家のモリザワさんに、こう教わった。

「DM《ディーエム》を沢山出さなくちゃ駄目だよ」

手始めに商品のカタログを作らねばと考えていた左藤さんだったが、それよりも先に、グラスを置いてくれそうな店にDMを送るべきだとモリザワさんは言う。

DMとは、ざっくり言うと告知葉書のこと。展示会のお知らせなどに使われることが多い。その予定がまだなくても、自己紹介として、すぐに品物を手に取ってみてはもらえない遠方の店にも自分の存在を知らしめるために作ったほうがいい、と。

「普通の官製葉書でいいから、自分の作品の画像を3、4点貼り付けて、気に入ったらサンプルを送ります、と書いて。プリンター持ってるんだったらプリンターで印刷した、しょぼいやつでもいいから、それをできるだけ沢山のお店に送ったほうがいいよと。とにかく、店と思しきところは全部出したほうがいいと、言われたとおり、ほんとそのまんま作って100枚出しました」

営業の手段として、まずは郵便を使う時代だった。

当時「左藤吹きガラス工房」のサイトはまだなかった。なにか調べものをするときにGoogle《グーグル》やYahoo! JAPAN《ヤフージャパン》などの検索エンジンに真っ先に手を伸ばす、ということも当時は一般的ではなかった。

「検索エンジンで上のほうに出ないと見もしない。そもそも、店やギャラリーのオーナーで、ネットをすごく使っている人もその当時はあまりいなかったと思う」

葉書を100枚出したうち、返事が返ってきたのは10通程だったという。打率は1割、ということか。

「その中で、今でも付き合っているのは東中野のギャラリー『間・kosumi《まこすみ》』と水戸『季器楽座《きらくざ》』ぐらいかな。実質、卸の仕事がはじまったのは『間・kosumi』からです」

市で直に売るだけではなく、取り扱ってくれる店が出てきて、そこに卸しをはじめた2003、4年頃には、学校への憧れがやや薄れてきた。

「お店との付き合いが出てきてて、そこで、ガラスの学校を出てすぐの人がお店で流通するようなものを作ることはかなり厳しい作業なんだな、ということが分かった。別に自分だけが苦労して、向こうが楽していたわけじゃないんだなと分かって」

手づくり市への出展は2005年まで続けた。

「場所取りが熾烈で、そういうのは苦手なんで行くまでは憂鬱。そう言いながらも、蹴散らしていい場所は取っちゃったけど。夜明けまで並んで、開門と同時にスタート、だあーっと走る。なにか置いて場所を先に取ってたら駄目なんですよ。でも、談合してることがあって、そこは駄目だよ、いつもの人が来るから、って言われたりして。それで喧嘩になったり。気が強い奴だと、そんなのおかしい、お前主催者に言うてこいや、とか居座ったりとか。最後は正論言ってたほうが勝つ。最初、常連は抽選でも必ず当てるようにしてたんですよ。ところがだんだん常連でも外れるようになってきてて」

そう、市には毎月出せるわけではない。抽選に落ちることも少なくなかった。無事当選した月は、15日に日付が変わったばかりの夜中の1時に起きて、2時には車を出す。夫妻と当時小学生だった柚さんも連れて3人で売りに行くときもあれば、左藤さんひとりで出かけることもあった。売り上げがよかった月は、帰途、左藤さんと弥子さんが学生時代によく行っていた鳴滝の食堂『キャスケット』に立ち寄って定食を食べた。いつも注文していたのは、鶏刺し定食や、唐揚げ定食。その話になると、左藤さんは今すぐにでも食べに行きたそうな顔をする。学生時代には小学生だった娘さんが大人になって店で働いていたことなどを懐かしげに弥子さんは語る。

2004年、中野『間・kosumi』での4人展に参加する。東京での展示は初めてだった。2006年夏には初めての個展を二子玉川『KOHORO《コホロ》』で開く。『KOHORO』ではそれ以来毎年夏の個展が恒例となっている。

「情報はまず東京を経由してから地方に来る、という流れがやっぱりあったんですよね。営業をするにしても、販売をするにしても、東京に目を向けないと無理だなと実感しました。地元でもじゅうぶん食えると思ってたんですよね。今やろうとしてるようなこと、自宅で売ること、直販、それを最初っからやろうとしていた。結局、最初っからは無理なんです。ある程度、実績を積まないと無理なんだなあ、と思った」

とはいえ、手づくり市にて、お客さんと直にやりとりし、そのリアクションをつぶさに観察し続けたことは大いに糧となった。

「出してるうちに、これは駄目、というのは分かるんです。こういうものを作ったらいい、というのは分からないんですけど。まず駄目なのは、抽象的な、説明が要るもの。これ何に使うの、って聞かれるようじゃ駄目なんですよ。収納しにくそうなものも駄目。色のきついものも駄目。重過ぎるのも駄目ですね。要するに、あんまり前に出てくるようなものは駄目だったなと。かといってプレーンな、ほんとうにさらっとしたのもあんまり売れなかった。当時と比べてずいぶんお客さんの嗜好も変わった気がします。昔はどんなシンプルなものでも、一箇所なにかポイントがないと全然見てももらえなかったんですけど、今は、ぱっと見、工業製品みたいなものでも、けっこう好きな人はいる」

しばらくは買っていくのはほとんどが女性という状況だったが、出展して3年が過ぎた頃には男性にも人気が出てきたという。時代の気分か、左藤さんの腕か、とにかくなにかが変わった、流れが変わったことには間違いない。

２００６年からは雑貨店やギャラリーなど取引先も増え、その注文に応えるのが忙しくなり、手づくり市に出る余裕もなくなっていたという。

丹波時代の工房は、岩屋山の麓、少年自然の家の傍にあった。桜の名所でもあり、狐や鹿の姿を見かけることもしばしば。迷惑なほうでいうと、カメムシ、それからムカデがよく工房の中にあらわれたという。鍛冶屋みたいにしたい、と、床を土間にしていたせいもあったのか。

「なにかやっているとき、動いているものが目の端に入る。ムカデです。ムカデは見つけたそのときに仕留めないといけない。ムカデって、邪悪な動きをしますよね。誰かの悪意をそのまま節足動物にしたみたいな、ものすごい邪悪な感じがする」

工房から自宅までは車で10分くらいの距離だった。家に帰っているあいだ、誰もいない場所で火を燃やしていることへの気持ち悪さがずうっとあったという。

「あれは不便だったな。火を使う仕事なんで、やっぱり、職住一致がいい。飯食いに帰って軽トラで工房に戻るまで、毎日不安があった。実際火が消えてたことが1、2回はありました。火は消えてるんだけど、灯油はどんどん出てて、びしょびしょになって。もしそこに引火したらたいへんなことになってたはず」

晩は火を消して帰るが、そうすると翌日に点火した際、作業ができるくらいに温度が上がるまで時間がとられる。

日々の不安、そして気候への不満。

「丹波は、冬が長くて暗かった。冬に週間天気予報を見たら、曇りマークと雨マークが、ずらずらずらずらーっと並んで、時々雪だるま。2月の末までずっとこれなんだなと思って、自分はすごく損しているような、ものすごく暗い気持ちになってたところで、他の地方の天気を見ると、瀬戸内と太平洋側だけはぴかぴかぴかーって、全部晴れマークなんです。同じ日本に住みながら、この差はなんだろ、身分の格差みたい。身分の格差を乗り越えるのはなかなか難しいけど、気候は引越せば済むことだ、と思って。これはもう、太平洋側しかねえなと。プラス、首都圏にちょっと近いほうがいいぞ、と」

左藤さんは工房の移転を計画しはじめる。職住一致ということから、その計画にはむろん左藤家の引越しも組み込まれていた。

千葉県、白子町へ

物件を探しはじめたのは２００８年。

最初に挙がった候補は、静岡県賀茂郡西伊豆町。

ここにはガラスの原料となる「珪石《けいせき》」が採れる山があり、昭和初期から数十年のあいだ採掘された珪石からは板ガラスが多く作られたという。1988（昭和63）年に、賀茂村（現・西伊豆町宇久須）にはガラスの美術館「黄金崎クリスタルパーク」がオープン。1995年から10年ほどのあいだ、ガラス作家の定住支援事業をしていた。

「ガラス作家を誘致して、上限3千万まで無利子で貸すと。なにぃ、これはもう行くしかないなと思ったら、2005年に合併して西伊豆町になって、ちょっと曖昧になっていた。向こうも少し、値踏みしている気がしたんですよ。こっちが来てほしい奴だったら呼ぶけれども、誰でもいいわけじゃねえぜ、って。当時、店との付き合いもそこそこ増えてたもんだから、いけるんじゃないかなと思って行ってみたら、役場の人が親切でいろいろ探してくれたんだけれども、結局は見つからなかった。4軒くらいは見たんだけど、いろいろ難があって。

次に行ったのは、知り合いに紹介してもらった、山梨の、静岡との県境に近いところの山の上の古い一軒家。買おうとしたんだけど、集落の協議で、うちよりも条件のいい人に決まった。ただ、その家はちょっと恐い家で、決まらなくてよかったかな。

次に探したのが、ネットで見つけた、千葉県山武《さんむ》市の、陶芸家が住んでいた家。でっかいガス窯があって、そこもまあ、悪くはなかったけど、仕事をするには難があるかなって。隣家と近すぎたし、高かった。

その家を管理しているのは大工さん。不動産屋さんとの付き合いで、家を紹介してリフォームをしたいという下心があって。親切は親切、面白いんだけど、まあとにかく、適当な人なの。じゃあ、もっといいとこあったら連絡しますからとか言って、社交辞令かなと思ったら、3日くらいして電話がかかってきて、ここを紹介してくれた。実はフランスで仕事をしようと思った時期がありました。Ｂｉｏｔ《ビオ》という地方の、気泡の入った吹きガラスはけっこう有名だから、そこに工房を作って、地元で売りながら仕事をするのは可能かな、と考えた。でも犬を連れて行くのが難しそうだなあ、無理だなあと。フランス語は一言も喋れないです、単に環境を変えたかっただけ。まあ、千葉に引越すのも、フランスに行くぐらい非現実的なことだったんですよ」

２００９年9月、左藤一家は千葉県長生郡白子町《ちょうせいぐんしらこまち》に越してきた。

白子町、といっても、すぐにどんなところか分かる人は日本中にそんなにいないだろう。以前住んでいた、京都、沖縄は、はっきりと色があった。たとえ行ったことがない人でもぱっとイメージが浮かぶような土地だ。

そういう有名な土地を、左藤さんは自分のガラスの背景に選ぼうとはしないのか。

「いくら京都で作ってようが、沖縄で作ってようが、つまらんもん作ったら売れないです。たしかに、沖縄でガラスを作っていたら、多少は販売的にプラスに働くでしょうね。でも、最初だけじゃないですか。少し前の位置からスタートできる、みたいな。でも、ものが駄目だったらいずれ駄目になるから、結果的にはそんなに問題じゃないと思う。むしろ、ストレスのないところでやりたい。ここなんかは、非常に恵まれてる。例えば、向かいに空き地があるから、長物《ながもの》を細工するときにぼーんと前に放り投げてもいい。グラインダーで火花ばしばし散らしながら、ものを加工してても問題ない。多少の煙が出ても、でっかい音を立ててもあんまり怒る人はいないし。まあ、出さないほうがいいんだけど。仕事しながら住むんだったら、ストレスがないのがやっぱりいちばんです」

溶解炉が完成し、試運転も上手くいき、新しい工房にて再びガラスを吹きはじめたのは2010年5月。

山ではなくて海の傍の、この工房にはムカデは出ない。

「工房の中はけっこう暖かいから、すごくクモがいますよ。ムカデを知った後はクモなんてね、どうってことない。ちょっと気が散るかなあ、ってくらい。なにかちょっと動かすと、たかたかたかーってクモが出てきて。まあまあ、ちっちゃいやつだけど。

動作が鈍い、非常にでかいクモ、映画『エイリアン』の顔に貼り付いたエイリアンと同じぐらいのが出たことがある。3日くらい経って、あのクモどうしたかな、って、ふっと玄関見たら死んでる。腹空かして死んじゃったな、可哀想なことしちゃった」

丹波時代は窯は灯油で焚いていた。白子ではガス窯だ。

「灯油の値段が上がったときのショックといったら……毎日ネットで見てたもん、ニューヨーク、原油の取引、うわー、こんなに上がってるよって。次はもうガスにしようと。白子町では、天然ガスを採掘して町で管理してるんです。使う量が多い場合、ほんのちょっとだけ安くなるんだけど、ここの場合、家庭用のガス料金がめちゃくちゃ安いんですよ。調べたら、沖縄の次ぐらいか、同じぐらい。プロパンガスに比べたら火力は多少劣るんですよ。プロパンは合成しているガスだから。天然ガスはそのまんま地面から湧いているものから不純物をとったもの。天然ガスは少し調整が必要だそうです。どんな調整か知らないんだけど、ガス屋に言わせるとそうらしい」

千葉県は、天然ガスの生産量が全国3位なのだ。南関東ガス田と呼ばれるその地域にはもちろん白子町も含まれる。

弥子さん

弥子さんがこしらえてくれるおかずは、文句なくおいしい。

台所から、包丁の音、あるいは揚げ油のじゅわーという音などが聞こえてきて、手伝います、と声をかけるべきかと迷いつつ、いや、左藤さんの話を記録しにきたのだから気を遣いすぎても本末転倒だと思い直す。それにしてもやっぱり台所に立つ弥子さんの手元を覗いてみたくなるのは、ごはんがおいしいからだ。

一通り料理を出し終えた弥子さんは私たちと一緒に食卓に向かい、左藤さんのコップに注いだビールをおいしそうに飲む。けらけら笑う。左藤さんのガラスについて、よし悪しを殊更口には出さない。家族の中に辛辣な批評家がいるとさぞや息が詰まるに違いないから、それでいいのではとも私は思うが。

「うちは作家じゃないんだ、ってことをよく嫁に言うて聞かせてて。俺は作家じゃなくて家内制の手工業をやってるんだから、お前もちゃんと頭使ってやらんといかんよ、アイデア出せ、と説教してます」

左藤さんはふふふと笑いながらそう言ったので、説教、という言葉にも圧迫されるような響きはなかったが。

弥子さんは神戸生まれ、年は左藤さんの3つ下。

日々の仕事は、家族のためには、朝昼晩の3食の支度、洗濯と掃除など家事全般、午前と午後の犬の散歩。ガラスに関しては原料になる廃瓶の洗浄、できあがった品の洗浄と梱包と発送など、工房で左藤さんが吹く前と吹いて冷ました後のガラスの面倒をみている。取扱い店と、メールや電話でやりとりをするのも、制作の計画表を作って左藤さんのスケジュール管理をするのも弥子さんの役目だ。

スケジュールは吹く本人が立てるよりも人に任せたほうがいいものなのかと推察していたが「お店とやりとりをして、注文が幾つあるかというのを正確に把握している人が計画を立てるのがいちばん合理的」と左藤さんが言うのはたしかにそうだろう。エクセルを使えるのは弥子さんのみ、というところも大きいらしい。

ガラスの写真を撮ってホームページに載せるのは左藤さんが担当している。それは、一眼レフのカメラとフォトショップを使えるのが左藤さんのみ、という理由かららしい。

左藤さん曰く「ふたりでやってると、ひとりができるようになれば、俺はいいやって思うんです。そこで分業化がはじまって」というのも本音のようだった。


台所にある大きな食器棚には、左藤さんが昔作ったガラスが並べてあるが、しばしば棚から左藤さんはそれを持ち出す。

「今のほうがいいって思うものは融かしてるんですよ。納得できなくなるのよね」と弥子さんは言う。

それはそれで、貴重な記録が失われるなあ、と思った。いつか「左藤玲朗大回顧展」が催されるときに主催者は困るだろう、と。

「納得できないっていうのもあるけど、売り上げが実際違うんよ。以前はこれでやってたけどどうかな、ってやつと、こっちのほうが明らかにいいなと思ったやつと。野外とか、いちばんお客さんの反応が見える場所で出すと、自分がいいと思うやつのほうが売れるんです」

「不思議よね」

「お前は、作ってる奴の嫁で、お金出してないやん。金払う奴の怖さっていうのはあるんよ」

「いっつも言われるんですよ。自分の目でものを言うな！って」

「自分の目で、っていうのは、お客さんよりもお前のほうが目が低いってことなんだ。お金出して買うお客さんと、お前とじゃ全然違う」

近しい者同士の、傍らで聞いている者としてはとてもシビアに聞こえるやりとり。

京都の「百万遍さんの手づくり市」に出店していた頃の話をあれこれ聞いてきたとき、当時作ったカタログを、私に見せようと、弥子さんが別室から持ってきた。左藤さんは「出すな、そんなもん！」と、がたっと立ち上がってそれを自ら戻しにいく。

左藤さんの剣幕に対しては存外けろっとした調子で「昔のガラスは見たくないんですよ。記念だから、昔作ってたのも置いてるんだけど、捨てろ捨てろって」と、弥子さんは私に言う。程なくして戻ってきた左藤さんは穏やかな様子だったので、私も胸をなでおろした。

弥子さんは「だって、そんなときに、いい、って買ってくれた人に失礼やん」と、言う。

「もう、いいから。お前は自分で作ってないから分からん」

「そうなん？　汚点なのよね」

柔らかい口振りながら、言葉はぴしゃりと。

「汚点、っていったらかわいそうや」

左藤さんは珍しくしおしおした調子でそう言ってから、いつものようにふふふと笑った。

ここでその話はおしまいになった。

沖縄から丹波まで

談／左藤弥子

私は、手仕事がしたかったんです。玲朗さんが先に沖縄に行ってガラスやってるから、私は壺屋で陶芸をしようって思ってたんです。

沖縄に行って、ギャラリーを経営されてる方の奥さんに話を聞いたときに「今これからするなら、陶芸より染織のほうがいいですよ」って言われて、それで、ころっと、じゃあ染織しようって。

近所の、工芸指導所にいた先生について、織物の勉強して、その後、和裁教室に通って、着物に関係することを、いろいろしたんです。すごくのめりこんで、楽しかったんですけどね。

首里織の研究生になって1年目に子どもができたんですよ。おなかが大きくなっちゃって、織物をしているとすごく響いちゃって。その前に1回流産してるんですよ。だから、途中でやめました。

沖縄出て、諦めずに、丹波布をやろうとして、それで丹波に引越したんですけどね、結局、ガラスのほうを優先して、中途半端になっちゃって。

まだ少し未練があって、道具も、自分が紡いだ糸も捨てられないんですよ。


玲朗さんは、いつもね、根拠のない自信にあふれてるよね。楽観的っていうか。だって、右手怪我して、なんにもさ、ガラスの技術がなくって、ポンテしかできないのに。

製材所でまた働いたら首がとぶ、命だけ助かったんだから、製材所はすぐやめないと駄目だって、うちの母親も言ってました。

生活があるし、子どももまだちっちゃかったしね。できることといったら、今までの経験で、予備校とか塾とかで働いたらって私が言ったら、いや、もうそれはしたくない、って。自分で思うところがあったみたいで、労災保険で工房建てるって言い出して。私、猛反対したんですよ。そんなの、なにもできるあてないし、無理だって。

でも、自分の体を傷めてできたお金だから、それを自分の思うように使ったら駄目とも言えないし、一回やらせてみて、そのときは諦めたらいいかって思ってたんですよ。

うちの両親はずっと反対して、何かもっと生活できる仕事に就いてくれとか、うちの姉の旦那にも「玲朗君、可愛い妹が、これからたいへんだからもうちょっとちゃんと考えてくれ」とか説教されたりしたんだよね。

2004年にうちの父が亡くなる前、ホスピスに入って、モルヒネで朦朧としてるときに「あいつどうしたんや」って、玲朗さんのこと言ってるんですよ。うちの母が「玲朗さんはひとりでガラスをしてて、柚ちゃんと弥子がここに来てくれてるんですよ」って言ったら、眉間にすごい深い皺を寄せて「そうや、あいつ、ガラスをやっとるんや」。

そのときは取引先も少ないし、どうなるか分かんないし、もうとにかく、ガラスをやってることが不安材料だったんです。うちの父は、自分が元気になったら、道の駅とかに営業に行くって言ってたんですよ。あはは。昔の人だから、どこでも、置いてもらえるところならって。ガラスの横に丹波新聞に載った記事を額に入れて置いたらいい、とか。元気だったらほんとにそんなことしたかもしれないけど、体がいうことをきかないときだしね、それだけが心配だったみたいで。

もっと早く生活を建て直せるって自信があったみたいだけど、それから結局はね、10年間ね、長いことたいへんな、こんなはずじゃなかった、っていう時期があったんだけど。

でも、どうしたら売れるかとか、どういうものを作ったらいいかっていうのはすごく考えてたから、自信があったんですよね。やっぱり、根拠がないとは言えないよね。

左藤家のひとり娘、柚さんは、沖縄で生まれ、丹波で少女時代を過ごし、今は公務員として市役所に勤めている。

なぜ柚さんがガラスの仕事をあえて継がないのかを書いたら面白いかもしれない、と、しばらく前に左藤さんは言っていた。けれど、少し後になってから、単に儲からないからじゃないか、と言い出した。

左藤さん曰く「他の分野は分からないけど、吹きガラスはやっぱり無理だなと思うんですよ。ていうのは、吹きガラスはすごく危険な作業がある。溶接とか。回転系の工具、グラインダーとか。ちょっと間違うと大怪我するような道具を使わないといけないから、親として、あんまりいい気持ちじゃない。大怪我しないような仕事だったら、もの作りの仕事もいいかなと思ったけど、ガラスは正直、やってほしくなかった。ちょっと手伝わせるにしても、こんなもんだ、ってことと、業界の仕組みがちょっと分かればいいかなと。自分で教えるつもりもなかったし」。

それを受けて柚さんは、柔らかな声でこう言った。

「儲からない……それもあるんですが、高校受験のとき、すべり止めは受けなくて、公立だけ受けたんです。落ちたら家業を手伝ってもいいかなと思ってたんですが、運よく受かって。高3のときも、公務員試験を受けて、もし落ちたらガラスの仕事を手伝おうって思ってたんですが、また運よく受かっちゃって。絶対やりたくないとかじゃないんですけど、特別なりたかったわけでもないから……ずっと、小さい頃から見てたので、どんな仕事か分かっていて、逆に興味が湧かなかったのかなと思いますね。ただ、自分の親がやってるんじゃなくて、本で読んだりだとか、知り合いの人がやってるとか、ちょっと遠い位置から知っていたら、もしかしたらすごく興味を持ってやりたいなと思ってたかもしれない。身近すぎて、のめりこむことがなかった。パパにはやめたほうがいいとも言われてたので、手伝うとしても、本格的にやるんじゃなくて、サブ的な仕事をやりながら、ちょっと別のことも勉強しよう、自分のやりたいことを探そうって考えてました。とりあえず、経済的にもちょっと」

弥子さんはその舞台裏を打ち明ける。

「それがいちばん大きいよね。この子の学資保険と、この子が結婚するぐらい、25歳のときに満期になるかんぽの積み立てを、両方解約してここに引越してきちゃったんですよ。最初はずっと賃貸で探してたんだけど、なくって」

「ふふふ。なんとなく、流されるままに、ガラス職人にはならなかった」と柚さん。

「流されるままね」と弥子さんが重ねる。そこを左藤さんがこうまとめた。

「うちの家風なんですよ。強い意志を持ってやり抜こうという気持ちが、みんなない。多分、親子で似てるんじゃないですかね。さっと諦めるのが得意なんよ。うちの父親もそういう人だった。諦めるのが得意で、積極的に執着の薄さを選択したんだな、この人は、と。物事にこだわらないタイプ、というのとはまた違うんですけどね」

柚さんは「置かれた状況で頑張ろうと思って」と言う。

弥子さんは「諦める力がすごくあるのよね。まあ、なにがよかったか、分からないからね」そう言った。どんな選択がいちばんよかったといえるのかほんとうのところは分からない、という人生観には、私も賛同するところ。

とはいえ、仕事の入口にはやっぱり、夢があってほしい。でも、どんな仕事を選んでも、打ちのめされたり、怒ったり、感激したり、上がったり下がったりするのは同じことで。柚さんがこの先どんな風に進んで行くのかは、いっとき、傍で眺めていただけの私には予想もつかないが、気質にお父さんに似たところがあるんだなあ、ということだけは薄々分かっている。

窯から見たやきもの
着物の仕立て方
琉球の風水土
海軍の男たち
大和よ武蔵よ
KITCHEN GLASSWARE of the Depression Years
石版東京図絵
青梅雨
永井龍男
あずまんが大王
あずまきよひこ
日本の工芸 琉球
木綿伝承
事典 色彩自由自在
手織の技法
草木染 日本色名事典
FULL MOON
センチメンタルな旅・冬の旅
ネパールの旅 スケッチ集
日本語の作文技術

本棚と『粋な旋盤工』

左藤家の居間にて大きな存在感を放っているのは、壁一面の本棚だ。ガラス、染織をはじめとした工芸関連の本はもちろん、小説、ノンフィクション、子どもの本、そして文庫が沢山。文庫の背に目を凝らすと、柳田国男、宮本常一、野口晴哉、内田百閒などが並ぶ。左藤さんのブログを拝見するだに百閒からは文体的影響を受けているように思えるのだが、どうだろうか。飄然とした姿勢も。

本棚と窓のあいだには昔の写真が飾ってある。1994年8月29日。若かりし頃の左藤さんは前髪をセンターで分け、眼鏡をかけ、白シャツ、チノパン姿で、赤子を抱く。生まれたばかりの柚さんだ。その後ろににっこり佇むワンピース姿の弥子さん。

2014年の夏に工房におじゃましたときは、帰りにJR茂原駅まで左藤さんが車で送ってくれた。車中で、クラフトフェアについて話をするうち、ふと左藤さんはこう言った。

「クラフトの作家も、考えてることは、町工場のおやじとそんなに違わないと思うんです。規模もそんなに違わないわけだし。自分ひとりだけとか、2、3人とか」

町工場のおやじ。

私にとってそのイメージは、生真面目で、緻密な仕事をし、飾ることから背を向けて、けっこういろいろ小難しいことなどを考えつつ暮らしている、というもの。

小規模な町工場というものは現実に身近な存在ではなく、通りすがりに目にするくらいだったから、なぜそんなイメージが生成されたかというと、小関智弘の本を読んでいたからだった。彼の名前を思い出してその次に連想されるのは『春は鉄までが匂った』という、美しい題名の本である。内容を詳細に記憶はしていないが、はじめて手に取ったのは十代後半の頃、どこかの図書館だったことはおぼえている。

小関智弘は、東京・大田区の町工場で旋盤工として働きながらその職場の風景を書き綴り続けた作家だ。彼が40歳のときに書いたエッセイ『粋な旋盤工』を左藤さんは高校の現国の教科書で知り、以来、小関智弘の本は何冊も読んだそうだ。その中では『大森界隈職人往来』がとりわけ面白かったという。

そこまで話したあたりで、車は茂原駅に着いた。駅前のロータリーをぐるっとまわって帰途に着く車を見送りつつ、クラフトと町工場の仕事を重ねてみることのできる左藤さんに聞き書きをして作る本は、きっと面白くなるに違いないとの確信を得ていた私。

左藤家の本棚には、教科書ではなくて岩波現代文庫版の『粋な旋盤工』がある。左藤さんの印象に残っているのは、冒頭にあるベーゴマの話だという。小関智弘が幼時に近所の町工場の息子とベーゴマで遊んだ思い出話だ。町工場の子は、職人に頼んでグラインダーでベーゴマを研いでもらっていた。それは角が立ってきれいで、回りかたも美しいものだったが、小関智弘がコンクリート塀でこすって研いだ歪んだベーゴマにはそれをはね飛ばす強さがあった。

「競技自体にもこの人は興味があったんだろうけど、大人になったときに、ベーゴマをグラインダーで削っていたのを思い出すというのは、ものづくりに興味があったんだなと、共感をおぼえた、身近に感じたんです。僕が小さい頃もコマ回しの盛んな時代だった。ベーゴマじゃなくて、轆轤で挽いた木のコマの真ん中に鉄の芯を打ち込むタイプのコマ。いわゆる喧嘩タイプのやつで、ルールはベーゴマと全く一緒。僕は、芯をどうやって打てばちゃんと中心に打てて、コマがぶるぶるぶれずに回るにはどうしたらいいかっていう研究に入っちゃって、回す技術の向上のための練習をあんまりやらなくなって。一応、回せるんだけど、すごく下手なんですよ。やすりで削ってみたりとか、金槌で微調整してみたりとかして、芯を入れるのは上手くなった。ところが、ぶれずに長いこと回るんだけど、あちこち動き回らないから、コントロールのいい奴だったら上からがーんとぶつけて、負ける。自分がよかれと思ってしたことなんだけど、もう的になりまくりで、全然駄目なんです。で、だんだん工夫をしなくなって。

『粋な旋盤工』を読んでて、俺も結局、こういうものが好きなんだなっていうのが分かった。

その後、この人の本はよく読んだんだけど、いちばんよくおぼえているのは、作業の後、一回一回、ノートにその日に分かったことを書き出してる、というところ。僕も、かなりメモをとるほうなんですよ。細かい点をね。やっぱり、やらないと駄目だよな、と、そのことも身近に感じた。

あと、同じ旋盤工でも腕のいい人と悪い人がいて、ということをはっきり書いている。腕のよし悪しというものは歴然とあるんだ、と書いている。長くやればいいわけじゃないんですよね。ただ旋盤を、それこそ無心に回せばいいわけじゃない。いろいろ考えながら、データをとりながら、試行錯誤することが腕のよくなるうちなんだと、はっきり書かれている」

工房印象

丹波時代は工房と自宅が離れていたので、左藤さんは毎日仕事を終えた後に炉の火を落としていた。白子では火力を絞るだけなので、年に2度の坩堝《るつぼ》替えの数日間を除いて、常に火が赤く燃えていることになる。

工房に入るときの左藤さんのいでたちは、Tシャツに「関東鳶《とび》」のニッカ。生地は綿

１００％である。溶接や電気工事に携わる人のためのズボンだ。「化繊だと、火花がちょっと飛んでも、チュッと穴が空く。それに、綿は乾きにくいけど着心地がいい」

エプロンをかけ、手甲と軍手をはめ、首には手ぬぐいを巻く。光と熱から目を保護するためにサングラスをかけ、足元は、足袋に下駄。『カンケイマルラボ』の須田マサキさんのいうところのあやしいファッション。しかし私が思うのは、そのあやしさはエプロンにずいぶん中和されているなあ、ということ。

下駄は、八王子「福島履物店」の品。ガラスの破片で怪我しないように履く足袋は、大阪「文楽足袋」の品。こじんまりした工房の中をあちらこちらへ細かく動きまわりながらの作業中、下駄履きは疲れにくくていいという。戦後間もないガラス工場の写真を見ると、職人の足元はみんな下駄だという。けれど、今、下駄を履いてガラスを吹いている人を他に左藤さんは知らないそうだ。

４月のはじめ、工房にて、飴色のモール小鉢を吹くところの写真を撮らせてもらった。知恩寺の手づくり市に出展しはじめた頃から作り続けているというロングセラーの品だ。

吹き竿の先の、線香花火の先端のぼってりとした火の玉みたいな、とろけて真っ赤な「下玉」からはじまる。竿の先端から息を吹き込んで膨らませ、自作の型の中に入れて縦モールを付け、吹き竿からポンテ竿へと移す。洋バシで口をぱかっと広げる工程のあたりでは、すでにだいたい小鉢の体を成している。

口では私に説明しながらも、自分で考えて、自分の体に染み込ませた段取りどおりに、左藤さんはきびきびと立ち働く。一歩下がって、作業ベンチに腰掛けて、立ち上がって、吹き竿を縦にしたり横にしたり、迷いのない動きで、ふとぼんやり止まることはない。

私がこれまでに見た風景の中では、料理人が厨房にて立ち働いているところにいちばん近しいか。そう思わせられるわけは、火を使っているというのもあるし、そう広くはない空間を我がものにしてすいすいと動いているということもある。もちろんぎこちなさはない、そしてへんに急いたりしない、ちょうどいい、小気味よいペースでの作業は見飽きない。

左藤さんがガラスを吹いている姿には、言動との矛盾がない、ギャップがなかった。左藤さんの言葉とガラスは文句なく＝で結ばれるものだとは分かっていたが、そのあいだにある吹きの作業を見せてもらうと、ああ言っていたことは、やっぱりほんとうだったんだな、と、真に腑に落ちる。とはいえ、吹いている最中、こうやって脇でじろじろ見られたり話しかけたりすると「実力の6割しか出せない」と左藤さんは言うくらいで、本来ならば、鶴の恩返しのように、人に見せる必要はないものなのだが。

「ガラスは、いったん吹きはじめたら、ずうっと流れに乗ってしまわなければならない。ちょっと一休みしてじっと形を見ようか、ということができないのがちょっと辛い」と、左藤さんは言っていた。

しかし、流れに乗っているところを傍で見ているこちらとしては、こんなにわくわくする、かっこいい仕事はなかなかないなと思うのだ。その人の胸の内は知らずに。

工房にある道具のうち、木製の、ひとり掛けの、背もたれと肘掛けのある大きなベンチがこんなに活躍しているとは知らなかった。というよりむしろ、3年前に、ただ工房を覗かせてもらったときは、ベンチの肘掛けには板が渡してあって、その上に、完成した瓶や鉢が並んでいた。当時は、事前に、吹くところは見ますかと尋ねられ、なんとなく遠慮して、今回はいいです、と言った。だから左藤さんも、さあ吹くぞ、というでたちではなくて、下駄も工房の入口に揃えてあった。炉に火は燃えていたけれど、工房全体がしいんとしていた。人が立ち働きはじめると工房も活きてくる。そして、ベンチは、単なる物置や腰掛けとして置かれているわけではないことが分かる。鉄板が張ってある左右の肘掛けに竿を渡してころころと転がしながら、竿の先のガラスの形を整えたり、あるいは、やはり左右の肘掛けに吹き竿を渡しておいて、そこからポンテ竿へとガラスを移し替えたりするときに役に立つ。助手の代わりを務めている。

昨夏に聞いた「クラフトの作家も、考えてることは、町工場のおやじとそんなに違わないと思う」という言葉を頭の中に巡らせながら、入口を背にして写真を撮っていて、もうちょっと引きで撮るために2、3歩下がろうと振り返ると、展示室の窓から、シロコが耳を立ててこちらをじいっと見ていた。

吹きガラスの道具　吹き竿と鋏

談／左藤玲朗

吹きガラスの道具は、アメリカ製が多い。個人がガラスを吹く文化は、アメリカではじまったというのもあるんだけど、やっぱりアメリカ人はそういう道具を作るのが好きだと思うんです。だけど、そこらへんにあるものでけっこう事足りるときもあるんですよね。

代表的なのは吹き竿。売ってはいるんですよ。1本、2万円くらい。アメリカ製かスウェーデン製が多い。それを使ってる人もいるし、自分で作る人もいるし、半々ぐらいかな。僕がいた長崎の『瑠璃庵』ではステンレスのパイプを鍛造して作っていたんです。こんなに簡単に作れるんだったら自分でも作ろうかと思って。

吹き竿は、吹き口が窄《すぼ》まっているところが違うだけで、もとは、ステンレスのただのパイプなんですよ。基本的に吹き口の加工を自分でやればいいだけ。

まあ、1年保つか保たないか。消耗品だから、そんなにいいものは要らない。

『瑠璃庵』では、ねじ式の、着脱できる吹き口を使っていました。体験吹きガラスをやっていたので、外して、アルコールで消毒して、また戻す。パイプにねじを切って、プラスチックもねじを切ってて、くるっくるっと上手いことはまる。プラスチックの成形の工場を『瑠璃庵』の大将が探して、頼んだら作ってくれた。僕もそれでいいかなと思ったんだけど、一日中ずうっと作業をするにはちょっと吹きにくかった。

吹き竿の先は、熱で、だんだんラッパみたいに開いて酸化もしてくるから、10日に1回くらい、サンダーで1センチずつ切って、切り口をもう一回丸める。仕事が忙しいときは1週間に1回切る。だから、多少長めに作るんだけど、あんまり短いとやりにくい。長過ぎるのも嫌なもんで、ちょうどいい長さがあるんだけど、そこはすぐ通り越して、だいたい、長いか短いか。

4メートルの配管用のステンレスのパイプだと、3本取れます。3本を使い回して1年。パイプが1本8000円ぐらいだったから、1本3000円しないですね。

ステンレスは、スプーンとか食器にも使われているぐらいで、磨いたらつるっつるの鏡面になる。使っているうちは研磨し続けているような状態で、どんどん滑らかになっていくんです。

竿を回しながら吹くから、できるだけ抵抗がない、つるつるのほうがいい。唇が切れたりするときもある。痛いからって、やらないわけにいかないから、リップクリームをべっとべとに付けてやるんだけど。

ステンレスは工業規格でいうと「SUS」。普通はSUS304を使っています。それよりもちょっと熱に強いSUS316だと値段が上がる。張り込むってほどじゃないんだけど、使ってみたら、期待していたほど強くない。

むしろ、肉の厚さが問題なのかな。でも厚いとめちゃめちゃ重くて、疲れてしょうがない。軽いと曲がりやすかったりする。あるとき、先だけ厚くしようと思って、ものすごく分厚いのを買ってきて、いつも使っている2ミリくらいの厚さのパイプに溶接したんですよ。そしたらすごく具合が悪かった。軽いものの先に重いものが乗ってると、妙に重く感じるんです。全体的にはそんなに重くないんだけど、バランスが悪い。バランスよくするためには、手元も厚くすればいいんだけど、だったら最初から厚いの使ってればいい。しかも、素人だから、ほんとに上手くは溶接できないんですよね。ピンホールが空いたり、裏側が酸化してそこから錆が出たり、もう踏んだり蹴ったりで、結局それはやめたんです。

いろいろ工夫はしてるほうだけど、だいたい上手くいかない。ほぼ失敗してますね。たまーに成功するときもある、くらいかな。

まだ柔らかいガラスの口元をちょきちょき切る鋏があるんですよ。やっぱり、だいたいアメリカかスウェーデン製で、2万円くらいするんだけど、これがもう、使い勝手が悪い。欧米向けだから、まず、でかい。あんまり使いにくいから、あるとき、ぼーんと捨てたんですよ。でも、鋏がないと困るからホームセンターに行ったら、2000円ぐらいの、盆栽用のサツキ鋏があった。刃が短くて、なんとなくこれ使いやすそうだなって、買ってみたんです。刃先がぴしっと尖っていたので、危ないなと思って、そこはグラインダーでちょっと丸めた。そしたら、サツキ鋏のほうが全然使いやすかった。そういうときは、非常に気分がいいですね。安いし、しかも、日本製で。もう10年以上前の話だけど、今でも使ってます。2000円だから、錆びたり、切れ味が悪くなったりしたらまた買い換えればいいやと思ってたんだけど、結局、全然大丈夫。

工房の夏と冬

左藤さんの夏は、水分と塩分、そして水風呂。熱中症にならないように。

丹波時代には、軽トラに乗り込んで窓を閉め切りクーラーを付けて体を冷やしていたという。

2014年の夏は、炭酸水を作業中に2リットルは飲んだ。塩昆布「塩こん部長」をあらかじめ口に含んでおいて飲む、というのが気に入っていたそうだ。

薄めたポカリスエットを飲んでいた年もあったが、甘すぎるのだという。

水の飲みすぎで胃の具合が悪くなったときは胃薬「フジイ陀《だ》羅《ら》尼《に》助《すけ》丸」に助けてもらう。

沖縄でよく売られている「塩せんべい」にさらに塩をかけて齧《かじ》るなどもする。『奥原硝子』で先輩がそうやって食べていて、最初は「トマトにケチャップかけるようなもんじゃないか」と訝しく思っていたが、酷暑の中で働いているうちに、そのくらいの塩気が必要なのだということが身に染みたそうだ。

反して「11月から2月の終わりくらいまでは仕事としてはいちばんいい環境」だそうだ。

「特に朝がいい。工房で新聞読んだりしてます。炉から輻射熱が出るから体の芯まで暖まる。

温泉の中で仕事をしているみたい。寒い時期は根詰めて制作したい。工房に籠るのも苦でない。金属もやりたい」

しかし「意外と冬よりも夏のほうがはかどるかも」とも左藤さんは言うのだった。暑いと、腹をくくって炉に向かうからだろうか。

売ること

取引先を増やせない理由

「左藤吹きガラス工房」では、注文を受けて制作したガラスは全て先方に買い取ってもらう、という約束の上で卸をしている。納品総額のうち4割が先方の取り分となる。つまり6掛だ。卸先とのやりとりを担当する弥子さんは、掛率の話をする中で度々「対等な関係」という言葉を口にした。たしかにそう思える関係でなければ、すっきり気持ちよく取り引きすることはできないだろう。

もし売れ残った場合は返品を受け付ける、という委託販売もかつてはしていたが、やめて久しい。例外は、器店やギャラリーが数人の作家のものを集めて並べる、という企画展に参加するときのみ。

「委託は、あまりにも店のリスクが少ない。リスクが少ないから知恵が出ないんじゃないか、と思う」左藤さんは言った。

過去にいちばん売り上げが多かったのは2008年、千葉に越してくる前年だ。当時は、取り扱いたいという申し出は断らなかった。取引先は40軒あったという。その年の直販の売り上げは全体の0・3%だった。

弥子さんは言う。

「千葉に引越してきてから、窯ができるまで8か月休んだり、直販を増やしていく方向に変えたりとかあって、やっと去年、売り上げが、沢山取引先があったときと同じぐらいになったんです」

その2014年の売り上げのうち、直販の占める割合はおよそ1／4だったという。

今現在、取引先は25軒。

基本的には、新たに卸先を増やさないことにしている。

「他の取引先に迷惑をかけてしまう。今、卸しているお店の納期もぎりぎりだから、謝る回数が増えるだけで、なんのいいこともないわけです。例えば、作ってくれる人を増やして、もっと沢山生産できたら、また話が変わってくると思うけど、今のまんまだったら、新規でやる意味もないし」

生産数の問題なのだろうか。そうしたら、例えばコップだったら、一日に幾つ作れるのか尋ねると「20個かなあ。ただ、昔は1個作るのが今よりも速かった」と左藤さんは言う。今のほうが時間がかかる理由は「上手くなったから」。

矛盾してやしないかと訝しく思ったのだが、その理由を聞いてみるとたしかにのみこめた。

「例えば昔は、縦モールを、すうっとまっすぐに、植物が上にどんどん伸びるように立ち上げることができなかった。必ず途中で流れて、曲がっていた。ぎりぎりで少し流れるぐらいだったらまだいいんだけど、途中でぐいっと曲がってしまうのは見苦しい。それだったら、最初からねじったモールにしたほうがいい。もう、これはできないんだと諦めていた。自分ではどうにもできないと、俺だけじゃなくてみんなできないじゃん、と。できないのが普通だと思ってたんです。ところが、上手くなってくるにつれて、なぜ流れるかという原因が分かってきたんです。そうすると、まっすぐにするためには、今まで工程がひとつだったのを、ふたつに増やす。単にまっすぐにしたいから、効率を考えていない。そうすると、自分は気持ちいいんだけど、経営的にはまずいんですよ」

左藤さんのその言葉に、弥子さんはこう続けた。

「だって、1個の単価がそれで高くなるんだったらいいけど。これ以上高くしたくない、なるべく安く抑えたいと思っているし。もう、一日にできる数がどんどん減っていってるんですよ。やっぱり生活があるから、これだけは作って、という数は割り当てているんだけど、例えば1日20個で、ここの店10個、あの店は5個、うちの店が5個とか決めているけど、そのとおりにはできないから。他の、すごく大事にしたい店に送れなくなっちゃうから、取引先が増えても困る。そんな事情があって」

制作のスケジュールを管理している立場からしても、もちろん切実な問題なのだ。弥子さんは続けてこう言った。

「私が計画立てるときは、土日は休みにしているんです。土曜日は金属加工と研究の日にしてるんですけど、休みが、なし崩しになくなっていくよね。でも、やっぱり週1は体休めて」
「吹かない日を作らないと体的にしんどい」
「週1は休ませないと死んじゃうから。ふふふ」
「一昨日作った居酒屋Zはまだ練習中なんで、9個しかできなかった。作業時間が短くなってしまったというのはあっても。計ったら、1個作るのに22分かかってる。1時間に3個できない。一日に20個作ろうと思ったら、失敗も含めて8時間かかる。ちょっときついなあ。ただ、慣れで少しは楽になるし、ちょっとは速くなるんじゃないかと期待しているんですけど」

よりいいものを作るために時間と身を削りつつ、ここだったら頑張って納品しようかなと心が動く分岐点はどこにあるのだろう。

左藤さんは「なにかよっぽどいいことがあれば別ですよ」とも言っていて、例えば、沖縄は那覇『GARB《ガーブ》 DOMINGO《ドミンゴ》』と2014年秋から取り引きをはじめたのは「いいこと」があったからだ。

「沖縄は、別格だったんです。これまでに付き合っている店がなかった、全く空白だったというのもあるし、自分が勉強したところにもう一回自分の作ったものを持っていくというのは全然別格の話だったんです」

「力のある店というのは、その後ろのお客さんがよく見える店」

談／左藤玲朗

やっぱり、置きたくない店はあるんですよね。

最初から信義を守れなさそうな店。メールの書きかたとか、返事の仕方とかで分かる。

ガラスの作家だけで10人抱えている店。やきものだったら分からんでもないけど、ガラスの作家で10人て、まずあり得ないと思うんです。その店は、手当たり次第声かけてるんだなって。別に、人と一緒に並べられたくないというわけじゃないんだけど。そういう基準でやってることは付き合いたくないってだけで。

どこも、店ってたいへんだと思うんです。おそらく。借金してやってるところもあるだろうし。経営状態がよくなったり、悪くなったりもあって。

でも、すごい勢いで回転してる、自転車操業でもいいから、すごい勢いで漕いでいる店だったら、なんとなく、安心感がある。多少の齟齬《そご》はいいな、多少なにかあっても許せるようなところはあるんですよ。


全く無名な奴を連れてきて、自分とこで売らせて、そいつを一人前にするのが、昔っからの、真っ当な店としての機能だと思う。

川越の『うつわノート』の松本武明さんは、そういう気持ちがあるんじゃないですかね。

若い作家に、これ作ったほうがいいとか、これはやめたほうがいいとか積極的に言っていく。「猿山道場」もそういう気持ちのあらわれで。そうじゃないと、店としての存在意義がないというところまで、考えたんじゃないですか。

ネットで検索がしやすくなっているから、どの店も否応なく同じ土俵に乗らざるを得ない。特長を出そうにも、出しようがないと思うんです。どうしても、扱っているものが同じようになってくる。昔は、この店にしか置かないという作家がいたかもしれないけれど、今はそんなことないし。作家に対して、うちにしか卸すなとか、そんなこと言えないですよね。

店主はそういう危機感をおぼえて、結局、原点に返ろうと、存在価値はなにかというと、やっぱり、セレクトする力。でも、自分が目を付けるものは、みんなも目を付けているから、そこで最初に戻ってしまうんですよね。

たいしたもん作ってない時期に、こいつもしかしたらやれるんじゃないかって声かけてくれた店と、自分がある程度の実力を付けてから声をかけてくれた店は、やっぱり違う。競馬と一緒で、オッズがあんまりついていないときに買ってくれたほうが、そりゃ有難いに決まってる。そんなの当たり前じゃないですか。

後から声かけてきた店にうちが冷たい態度を取るのは、別に恥ずかしいことでもなんでもないと思う。

こんなの作ってても絶対やれねえとか、さんざん言われて、やめようかなって思ったときに「こういうのがないかなとずっと思っていた。だから、この路線だったらいけますよ」と言われたら、そりゃもう、うれしいですよ。で、注文もきて。そういう店と、そこそこ食えるようになってから声かけてくれた店と、同じに扱えるわけない。そんなの、どんな分野でも一緒ですよね。

『間・kosumi』の矢野ルリ子さんと知り合った頃に、結局、自分が気に入った店は、自分のものを気に入ってくれるんじゃないかとふと気付いた。テイストが合ってるわけだから。ここいいな、と思ったところに、多少難しそうでも営業したほうがいいんじゃないかなって思いはじめて。結果的に、それが正解だった。

就職の面接と一緒ですね。相手に合わせて営業しても上手くいかないんですよね。自分はこれぐらいのものを持っていて「どや、もし、欲しいんだったら作るけど」というような感じで行ったほうが、結果的に上手くいく。あんまりお店に気を使い過ぎる必要もない。

今の若い作家でね、仕事これからはじめようかって人は、僕らの世代よりもう少し知恵があるから、そういうことをしてるんじゃないかなと思うんですよ。

自分がいいものを作るのがもちろんいちばん大事なんだけど、プラス、営業の仕方にも、上手いやりかたと、すごく下手なやりかたがある。人の知恵借りてでも上手く営業したほうがいい。そのほうが作るものに専念できるから。ただ、ほんとに実力のある人が多少下手なやりかたをしても、それが致命傷になるわけではない。

『間・kosumi』に観にきてくれた、今は『夏椿』という店をやっている、『KOHORO』の店長だった恵藤文《えとうあや》さん、それから『黄色い鳥器店』の高橋千恵さんと付き合いがはじまった頃から流れが変わってきた。自分の世界が変わってきた、自分のいる場所が変わってきたという実感があって。

力のある店というのは、その後ろのお客さんがよく見える店なんですよね。最終的には店が買ってるわけじゃなくて、お客さんが買っているわけで。身銭を切って買う人の目はすごく厳しいし、的確。

「もみじ市」とか、沢山人が来るイベントはそのへんが生で見えるのが、たまらなく、いい。ギャラリーや器店で展示会をやって、初日にお店に在廊するというのも、まあ、ひとつの方法なんだけど、野外のフェアにはかなりの数の人が来るし、自分のものだけ観にきているんじゃなくて、他のものを観にきてたまたま通りがかったという人もけっこういるし。反応を見てたら、あのコップにどうも流れが集まってるなというのも、スルーされがちなものもよく分かるんです。おおまかな評価がだんだん分かってくる。好みの幅というのはたしかにあるんだけど、器とか、ぱっと見て、いいとか悪いとか思うのって、そんなに個人差はないんじゃないかと思うんです。

僕の場合は、自分がいいなと思うものと、お客さんがいいなと思うものはそれほど離れてないような気がしていて。仕事はじめてから、今までそれで不安に思ったことは一度もない。これが売れるなと思ったものはたいてい売れてる。仕事をはじめた頃だったら、例えば、モール小皿。江戸時代の平皿からデザインを考えて、これは売れるんじゃないかなと最初から思ってた。やっぱり、それで一息つけた。

あと、今僕がメインで作ってる、型吹きのコップ。居酒屋コップとか、あのへんは、最初、お店へ持っていったときにさんざん駄目だと言われた。でも、「百万遍さんの手づくり市」に出すと反応がよかった。「シンプルすぎるかもなあと思ったけど、すごくよかったからもう一個買い足したい」と言われたことがあった。あれはうれしかった。もうちょっと手の跡が欲しい、というようなことをよく言われていた時期だったし。

そのとき思ったのは、お店のオーナーよりもお客さんのほうが、反応が正確だし早いんじゃないかなと。これからどっちのほうに主に力を注いだほうがいいかっていうのは、やっぱりお客さんを見たほうがいいんじゃないかなと。

まあ、お店のオーナーってピンキリで、かなり目が利く人もいるし、全然駄目な人もいるし。セレクトショップっていってるけど、セレクトしてない店がほとんどでしょ。売れてる奴を連れてきて、仕入れるだけ。あの店で売れてるから、じゃあうちもいっとこうか、みたいな感じだとしたら、単に、市場の動向を見ているだけで、その人がセレクトしているわけではないですよね。

例えば、ある作家のお茶碗を買いにきたとしたら、それに合うものが確実にあるんだといえるものを揃えているということをきちんと文章にしてお客さんに発信する必要があると思うんです。例えば「粉引　茶碗　作家の名前」で検索すれば、結果がばーっと出るけど、それをどんなシチュエーションで使ったらかっこいいかとかは、あんまり発信されていないんですよ。

王道のやりかただけど、異常に知識を付けて、細かく説明する。吹きガラスだったら、〇〇さんと△△さんのものはどう違うのかとか、技法の特徴とか、どういう位置にいるのかとか知識半端ない、それは店としてもいい位置にあると思います。

取り引きをはじめるときに作家の家に遊びに来て、ただ一緒に飯食うだけじゃ駄目なんです。中には、来ないと失礼だと思っている人もいて。来るか来ないか、どっちがいいかといったら来たほうがいいのかもしれないけど。来るにしても、めざといところは、漫然と来るんじゃなくて、ちゃんと事前に勉強しておいて、質問を幾つか用意してきてて、インタビューをして自分のところのホームページに記事を書く。あれはいいやりかただと思うんです。

分からんことがあったら、当たり前のようなことでも訊いて、とにかく分かるまでしつこく質問するぐらいのことをしないと駄目だと思います。

僕ね、画廊の名残じゃないかなと。画廊の店主は自分で絵を描いているわけじゃない。ただ、鼻が利けばいいと思うし。先生、先生、と持ち上げて、一緒にお酒飲んで、いい関係を築いて、そういうのを引きずっている気がする。

画廊では、買う人に、この先生は岩絵の具は◯◯製を使ってて、とまで説明しなくていいと思うんです。でも、絵と、生活の中で使うものは違う。

注文と個展
東京・国立『黄色い鳥器店』 高橋千恵さんに聞く

『黄色い鳥器店』は「左藤吹きガラス工房」にとって長い付き合いになる店であり「気持ちよく付き合えて、ちゃんと宣伝してくれる、売ってくれる」取引先のひとつだという。

JR国立駅の北口から歩いて3分ほどのところ、スポーツ用品店が1階にある小体なビルの2階に『黄色い鳥器店』はある。作家の個展が開かれる際には3階の一室も使われる。

2007年の開店以来、8年のあいだ左藤さんのガラスを扱い続けている。特にどの年齢層に人気があるというわけでもなく、偏りなく売れていると、店主の高橋千恵さんは言った。目立つのは、リピーターが多いこと。

「一回使ってみてよかったから、やっぱりもうひとつふたつ欲しいとか、足していくというお客さんは多いですね」

よく売れる品は、居酒屋コップ、縦モール酒器、口が反っていて縦モールが入っている小鉢「カンパニュラ」、それから箸置きなど。

高橋さんが「左藤吹きガラス工房」を知ったのは、友人が『間・kosumi』で扱っているこの器、すごくいいよ、と、見せてくれたのがきっかけだった。

『間・kosumi』の矢野さんは流行る流行らないにかかわらず、新しいものをすっと見つけてくるのが上手い、素敵な人で、大好きです」

2006年10月、千葉・市川にて催されたクラフトフェア「工房からの風」に左藤さんが出展していると知り、高橋さんは足を運んだ。それ以前に見ていた左藤さんのガラスは「茶縁チョク」だった。

「ブルーで、口元の茶色はオロナミンCなんでしょ。それを聞いたら、再生ガラス使っているんだなというのが印象に残るのでいいなと思いました」

左藤さん本人の第一印象は、

「ぼそぼそって説明してくれて、真面目な人だなあって。作家さんもいろいろいて、饒舌《じょうぜつ》な方もいるけど、その中では、無口な人だなと思いました。後からブログが面白いって聞いて見てみたら、けっこうさかのぼって、一気にばーっと読んじゃった。お客さんにも、器もいいけど、ブログも面白いから見てください、読んでからこの器を楽しんでもらえるともっといいですよ、なんて言いながら紹介していました。器を知らずにブログから入って、この人面白いですよねって器を買いに来るお客さんも何人かいましたね。楽しませてもらっている人は多いと思います」

2007年4月に『黄色い鳥器店』を開業する際、まず注文したのは、やっぱり気に入っていた茶縁チョクや広口コップなど、直に口を付けて使う器が主だった。

高橋さんが語る、左藤さんのコップの特長のひとつは、口当たりのよさだ。

「口当たりがほんとにいい。薄すぎないし、厚すぎない。そのへんに細やかな神経が通ってる。ガラスの口の厚みも、いろいろな作家さんがいるけど、顎のこの辺、下唇から指一本くらい下に当ててみると、だいたい口に当たる感覚が分かるんですよ。お客さんに、嫌じゃなかったらこうやって比べてみてくださいって言っているんです。うちには一通りあって、見た目ではワインコップがすごくきれいだと思いました。でも、居酒屋コップばっかり使っているから、ワインコップは食器棚の後ろのほうにいってしまった。ものが入ったときの見えかたは、やっぱり居酒屋コップがいい。緩いねじりモールが入った丸底コップは、最初見たときは可愛らしすぎるかなと思って、でも梅酒とか飲むのにいいんですよね」

私も自宅でワインを呑むのに愛用している、丸底コップ。その進化形となる新作、宙吹きの丸いコップを、こないだ工房で見せてもらったばかりだった。その名は「カップ」。牛乳を注ぐことをイメージして作ったという。そのことについて、左藤さんはこう言っていた。

「例えば居酒屋コップをただ置くよりは、ハイボールに、とか書いたほうがいいんじゃないかな。で、横見たら丸いコップが置いてあって、ジュース、牛乳に最適、とか書いてあると。別にね、どっち使ったって、丸いコップにビール入れたって問題ないはずなんだけども、やっぱり、これからどれだけ役に立ってくれるのかというイメージを、なにか言葉にしたほうがいい。

例えば僕も、ものを買う場合、仕事用のサングラスを買うとすると、Amazon《アマゾン》で調べたら何件も出てくる。その中に、工事現場で、と書いてあったら、おっ、と思って、迷わずそれを買うと思うんです。だけど考えてみれば、そのスペックがどうかというのをはっきり書いているわけではないんですよね」

そういう、明確なイメージをもって制作された器のほうがお客さんも手を伸ばしやすいのではないか、と、やはり高橋さんも言っていた。

「でも、もしかしたら玲朗さんが思っていることとは全然違う風に、え、牛乳かあ、って受け止める人もいると思うけど、これを入れたらきれい、という思いが入っていることは伝わりますよね」

コップの他にも、高橋さんが自宅で愛用しているのは、ワインボトルを再生した緑色の器だ。「左藤吹きガラス工房」の緑系統の品といえば今はオリーブグリーンのみだが、当時作っていたその色は、左藤さん曰くオリーブグリーンよりも明るい色で、例えるなら抹茶のようだとのこと。

高橋さんのうちにあるその緑色の器は七寸の平皿、開店当初に2枚注文したうちの1枚だ。

「アボカドとか豆腐とか、なんでも映えます。玲朗さんの器はガラスだけど寒々しくないから、一年中使えるなって思いました」

同じく開店当初より扱っている、会津の五十嵐元次《いがらしもとじ》さんの分厚い白磁と共通するところがあると思ったという。

「五十嵐さんも、磁器なのに暖かみがある。そういうものが私は好きなんだなって」

『黄色い鳥器店』で左藤さんが個展を初めて開いたのは2012年。2年後に2度目の個展を開いた。次はその2年後を予定している。

左藤さんに限らず、一軒の店での個展は2年に1回、と定めている人は少なくない。個展のために新作を制作するにもそのくらいのペースがちょうどいいのだろうと高橋さんは言う。

「作家さんも、また同じものか、って言われると辛い。せっかく来てもらうんだったら新作を出したいし。人によっては3年に1回の人もいるかもしれないけど、昔から付き合ってもらっている人には2年に1回やってもらえるといいなと思ってる」

ひとつの空間が全てひとりの作家の器で満たされるという個展はやっぱり特別なもので、いつもは店主がこれとこれを、と選んで注文をするものだが、その選択からはこぼれてしまっているもの、店主が見逃していた「いいもの」を観てもらう機会としてとても大事なのだ。

「玲朗さんのコップはもちろん好きだけど、個展のときにしか作らない、壁掛けの花瓶とか蓋物も、すごく完成度が高いですよね。こういう仕事ももっといっぱい見たい」

高橋さんが言う「こういう仕事」とは、ガラスの器に、ステンレス板を加工して、壁に掛けるための金具や蓋などを付けたものだ。

「遊びを感じるけど、しっかり、きっちり仕上げてる。だから、玲朗さんはガラスじゃなくてもいいのかな、ガラス以外のことをやってもきっと面白いものができるんだろうなって思います」

DMに載せる紹介文は高橋さんが書く。器は、左藤さんにこれというものをだいたい10種類ほど送ってもらって、そこから高橋さんが選ぶ。

「作るのは作家の仕事と思うけど、そこから先の、お客さんに紹介するのはお店の仕事と思っているので責任持ってやりたい。お客さんが、行きたいな、見たいなと思えるものにするために、写真はカメラマンさんにお願いして撮って、その人のものがきちんと、よく見えるように出したい」

2度目の個展のDMには「できるなら、真夏はガラスを吹かずに涼しい所でアルバイトでもしてみたいという玲朗さん」とあった。

弥子さんが、そういえばこんなことを言っていました、と口にしたのを高橋さんが聞き逃さずに載せたそうだ。

あえて、休みたい、とか、避暑にでも行きたい、とか、そういうことではなくて、バイトしたい、と言うところに左藤さんらしさが垣間見えるのだな。

その言葉を聞いたせいだけではないだろうが、高橋さんは「なるべく玲朗さんのものは冬のうちに注文をして、寒い時期に作ってもらうようにしています」と言った。

「最初はなにも考えないで、夏前に、ガラス忘れてたー、と注文を出していたけど、最初の個展の前に工房を訪ねたとき、弥子さんが、この日はこれを何個作るって細かくスケジュールを立てている表を見せてもらったときに、このスケジュールを狂わせずに、上手い具合にすーっとこの流れに入れるように、玲朗さんたちに負担なく、作りやすいように作ってもらわないといけないと思いました。ほんとに、弥子さんがいてこそですね。ああいう風にしっかり管理してくれる人がいて、ふたりでひとつの仕事だなあって思います。梱包もきれいだしね。大事に作ったものだなと分かる。きちっとしていることが梱包からも見えます」

「これからの家内制手工業のお手本」
宮城・石巻『カンケイマルラボ』　須田マサキさんに聞く

左藤さんのブログの中でも「自動書記のように」と題された回（※32ページ参照）は、とりわけぐっときた。

無駄遣いを諫めるくだりが、やはり「必要のない」工具ならぬ本を参考文献と称して買い漁りがちなこちらの胸に刺さったのはもちろん、入金が少ない時期に仕事に向かうときの心許なさのえがきかたに、ぐっときた。

自戒の念も込めつつ、この回はプリントアウトしてその年のスケジュール帳に貼っておいたのだった。そんなことも左藤さんには話した。

「たしかに貧乏なほうがいい仕事できると思うんです。あ、貧乏なら、というんじゃなくて、これ作らんとまずい、というときのほうが、力が出せる。自分で自分を追い込めないから、周りの環境からやられないと駄目ってことです。もの作りとしては、厳しさはないですよね」

左藤さんが思う「厳しさ」と、私が思う厳しさにはちょっとずれがあるのだろう。左藤さんの制作に厳しさがないと思ったことはないから。

この日のブログ、私はただ切り貼りしていただけだったが、石巻にて『カンケイマルラボ』

を営む須田マサキさんは、瓶詰めのキリンビールを贈ってくれたそうで、ただ読んでただけですみません、と、しおたれる。

そういえば、須田さんは、自宅展示販売室開きに際してもお酒を贈ってきてくれていたのだった。左藤さんのガラスの卸先で、この人は面白い話を聞かせてくれるだろう、と思われるのは誰ですか、と尋ねたところ、名前が挙がったそのひとりでもあった。

須田マサキさんは1971年、仙台生まれ。

須田さんの妻、建築家の富永明日香さんの実家は『観慶丸本店』という、石巻にて江戸時代から続く陶器店である。その向かいに、須田さんと富永さんが、イベントスペースであり建築設計事務所でもある『カンケイマルラボ』を開いたのは2014年4月のことだ。

「左藤吹きガラス工房」では基本的には、卸先を新しく増やすことはしていないから、もし、須田さんから、最初のアプローチとして、新規に取り扱いたいというメールがぽんと送られてきていただけだったら、おそらく断っていただろうという。

須田さんと富永さんにはじめて会ったのは2011年10月の「もみじ市」だったと弥子さんは言った。

「実は今度、東京から石巻に帰って店を継ぐんですって言われて」

東京で、フランス文学の先生をしていたという須田さん。そして富永さんは、建築家の中村好文さんの事務所で働いていた。

「もみじ市」でのやりとりを振り返る弥子さんの言葉を遮って、左藤さんは「いや、その前に、田園調布の『IN《イン》 MY《マイ》 BASKET《バスケット》』で会ってるんや」と言う。

「そうなの？」と弥子さん。

「展示の初日にね、僕が他のお客さんと話しているときに、須田さんが来て、けっこう長い時間いた。開店と同時に来たから、印象には残っているんだけど、でも一言も喋らずに帰っていったんです。僕、そのときは他の取引先の人とずっと喋ってて、悪いなとは思ってて。でも、向こうからも喋りかけてこなかったから。その後にもみじ市に来て、ああ、あの人かっておぼえてて。今考えたら、もしかしたらあれもひとつの手だったのかなと」

「手」とはなんだろう？

「断られないようにするためには、おそらく、一回オファーをかける前に行っとかないといけないと考えたんじゃないかなあと思って。俺が店やってたらそうするよ。2、3回行って、喋りかけずに、顔をまずおぼえてもらって。だって断られたくないやん。自分が置きたいと思うぐらいだったら、それくらいすると思うよ」

深読みをする左藤さんだったが、須田さんに尋ねると、そんなつもりはなかった、と、あっさり返される。

須田さんが左藤さんのガラスをはじめて観たのは、2011年8月『KOHORO』での個展だった。個展のDMに使われている写真がきれいだから観に行こうと、富永さんに誘われたのだ。そのときはカトラリー立てを買ったという。

須田さんはこう言う。

「少し遠くから拝見して、思ったより若いなと思いました。あえて声をかけなかったわけではなく、ただの客が話しかけていいものかどうか分からなかった。その後、ホームページを見つけて、ブログを読んで、教養に圧倒された。こんなこと考えながら作っている人はそうそういない」

実は私がはじめて左藤さんのガラスを見たのも同じ夏、同じく『KOHORO』でだったので少し驚く。そして、須田さんと同じように、左藤さんの姿を垣間見て、やっぱりそのときは声をかけるのはためらい、その場を辞去したのだった。

須田さんは翌月『IN MY BASKET』を訪れ、そして前述の「もみじ市」に至る。言葉を交わし、それから間もなく、工房を訪問する。

左藤さんがガラスを吹いている姿を須田さんは「黒い眼鏡と下駄で、あまりにもあやしい。私が公安なら絶対にマークする」と言い表していた。単にサングラスをかけて火に向かっているだけだったらそんな印象を人には与えないだろう。須田さんが左藤さんと話して感じる

「毒」が外面にも滲み出しているということか。

「あのときは僕も今以上に不慣れで、なにかしなきゃいけないと思って動画を撮ったり、いろいろしていて、なにを話したかというとあまりお話をしていないかもしれない。弥子さんにお料理を作ってもらって。弥子さん、お料理上手いですよね。明るい、からからした感じの、いい奥さんですよね。まだ3歳だったうちの子どもも連れていったら、娘さんが本を読み聞かせたりしてずっと面倒をみてくれました」


11月にはすでに左藤さんに、広口コップ、モール小皿、カトラリー立て、銘々皿などを注文し、石巻に送ってもらっていたという。

須田さんと富永さんが一家で帰郷したのは2012年6月で、『カンケイマルラボ』を開くのはそれからおよそ2年後である。

しかし、自分たちが帰る前に、まだ復旧工事も終わっていなかった『観慶丸本店』に真っ先に左藤さんのガラスを送り、並べたのだ。飛ぶように、というわけにはいかないまでも、たしかに手に取ったお客さんはいて、だんだんと売れていった。

震災から半年が過ぎたばかりの石巻では、こわれやすい素材であるガラスをあえて傍に置くことは、他の街とはまた別の意味合いがあったはずである。

石巻の街なかで、旧北上川のすぐそばにある『観慶丸本店』は、窓ガラスや什器が

２０１１年3月11日に襲った津波によって破壊され、店内には泥が流れ込み、いっときは床に敷いたブルーシートの上に器を並べていた。左藤さんのガラスが入荷した頃も、まだ窓ガラスは入らずにベニヤを張っていたし、器のディスプレイにはりんご箱を活用していたという。

その上、問屋を通さず、器を作っているその人から直接仕入れをするということは『観慶丸本店』ではこれまでなかった。しかもそのはじめての取引先が「左藤吹きガラス工房」だったとは。

私がこの器店を知ったのは、グラフィックデザインの仕事をしている盛岡の友達、清水真介さんが『カンケイマルラボ』のロゴデザインを手がけたことからだった。どんなところなのかなあ、とホームページを覗いてみると、２０１４年4月におこなわれたグループ展「あたらしい生活のためのきほんの食卓」の出展者として、やきもの、木工、漆の作家が並ぶ中に、ガラスではひとりだけ、左藤さんの名前を見つけた。続いて翌月には左藤さんの個展が催された。東北初の個展だった。出展品数はおよそ２５０。

「最終日に売り場に立ったときに、直感的には9割売れたなと感じました。こんな辺鄙なところで、これだけ売るというのは左藤さんの力量です。ものの力です」

「僕は基本的には、震災でやめようと思った店を継いでいるだけなんです」須田さんは言う。自身が一から新たにはじめたわけではなく、でも、これまでのラインアップに加え、新たに見つけた「いいもの」を置こうとしている。その「いいもの」のひとつが左藤さんのガラスだ。

本店の一角には、これまでラボで展示をした作家たちの器も並んでいる。そこには左藤さんのガラスのための棚がある。私が石巻を訪れた今春には、コップ、小鉢、箸置き、大きなボウルや皿などが並べてあった。

「こうやって置いとくとね、勧めるわけでもないのに売れるんですよ」

須田さんは棚の中段に並べてあったモール小皿を1枚手に取った。

「左藤さんは、モール小皿は俺より上手い奴はいない、って言ってました。名刺代わりだって。これでアイスクリームを食べると劇的においしいですよ」

手にした小皿を、須田さんは通りに面した窓のほうに向けた。

「こうやって光にかざして、きれいでしょ、と言うと、みんな買っていきますね」須田さんはうれしそうに言った。

お客さんのほとんどは、左藤さんのガラスを目当てにしてやってきたわけではなくて、ここで、はじめて、これいいな、と手を伸ばすのだ。

須田さんのもうひとつの仕事に関わるフランス語について話していて、そこから、引越は好きだけど旅行はそれほどでもないと左藤さんが言っていたのを思い出し、左藤さんはつかのまの非日常を得ることよりもいっそ日常をがらっと変えてしまうほうを志向する人だろう、と私が言うと、すぐに須田さんは「それは器の作家としてはまっとうな考えですよ。日常重視というのは」と返す。

「だって、やっぱりそのために作ってるんでしょ。よその家の日常をちょっとでも変えるきっかけを作るために」

ブログの文章、作るもの、制作と販売についての考えかた、全ては「緻密な構成力」に支えられていると須田さんはみている。

「左藤さんのブログのファンはけっこう多い。会ったことないけど読んでるという作家さんも多いですよ」

ブログといえば、須田さんが書いているブログ「石巻通信」の、左藤さんのガラスにふれたくだりは、いつも言い得て妙である。

例えば「左藤さんの器の魅力は、道具としての堅実さと圧倒的なガラスの質感です」「これからの家内制手工業のお手本」「〝どこか懐かしい〟とか〝ほっこり温かい〟とかいう生温い印象批評では全然切り込めないだろう」など。

30代半ばにして工房を建てた左藤さんだったが、そこから難なく仕事が滑り出したわけではなかった。そこで助言、というよりもむしろ心の平安を得るために訪ねたのが小谷真三さんだった。小谷さんはひとりで吹きガラス工房を営むというスタイルを、独学で、日本ではおそらくはじめて確立した人で、同時に「柳宗悦の代弁者」である外村吉之助に育てられた、民藝のガラスの第一人者でもある。

左藤さんは、柳宗悦『工藝文化』に影響を受けた上で小谷さんにもシンパシーを感じながらも、やっぱり民藝のほうへ向かおうとはしなかった。

私自身、民藝に惹かれる気持ちは人一倍あるのだが、日本民藝館に通っていると、柳宗悦のコレクションと、今の世に作られる、あえて民藝を謳う器は、また別物だと思って観たほうがいいのだなという気がしないでもない。制作の背景が異なることもあり、当然といえば当然ともいえるのだけれど、今もこれからも民藝は生きているんだね、と無邪気には言えない。

左藤さんのガラスには、それが民藝と認められる必要条件とされる「用の美」はたしかに宿っているのだが、その言葉をただ当てはめただけで済ましていてはいけないのだとも思っていた。そんなもやもやをすっと晴らしてくれたのは、須田さんのある日のブログだった。ここに引いておく。

「左藤さんの作品は見た瞬間に〝何を盛ろうかな〟と思わせるゆとりがある。要するに〝用の美〟ということかも知れないが、それでも民藝とはまた違った知的な洗練があり、その辺のバランスが左藤さんの魅力となっている」

左藤さんの器の使いやすさはこういう言葉で表現できるんだな、と、気持ちよくのみこめた。

その話をしてみると、須田さんはこう言った。

「あっさり、って言ったら本人に怒られるかもしれないけど、柳のエッセンスだけ見て、あっさり通過したのはよかったんじゃないかな」


「透明感を出す」

談／須田マサキ

ガラスというのは、木工や陶器と比べて可塑性《かそ》があって、色が付けやすいわけです。陶磁器は、転写みたいな技法を使えばいろいろ出せるにしても、ほんとの色というのは限られている。焼成をかけるときに変質してしまって色が残らない。

ガラスはその点、色も付けられるし、形も自由になる。だけど、あんまりうねうねっとしていたり、色があったりすると、甘い感じの、宝石のフェイクみたいになる。

例えばバカラみたいなクリスタルガラスのように透明度が高いことと、透明感があることとは違うんだな、と、左藤さんのガラスを見て思いましたね。透明感を出すというのが左藤さんの技術なんだと思うんです。

もちろん触れば固いんだけど、ソフトコンタクトレンズみたいな、ふわあっとした透明感が魅力です。

２０１４年5月の個展のときは、初日の金曜日に石巻に来てもらいました。午前中、お客さんが誰も来なくて……ふふふ。もういたたまれない感じのまま一緒にお昼ごはんを食べました。

でもね、結局、左藤さんのはよく売れたの。9割売れた。個展の会期中には、最初に来て、買って、よかったからまた買いに来ました、というお客さんも多かった。

左藤さんはね、自分自身を、好きです、とか褒められると嫌だけど、自分が作ったものをいいと言われると、心がとろけるって言ってました。

石巻にいらしたときは、ブルトンの『ナジャ』は何が面白いのかとか、プルーストはどう読めばいいんだとかという話になったの。あと、たまたま野口整体の話をして、こんな話をしても誰も反応しないと思ったらものすごくよく知ってて、野口晴哉の本『風邪の効用』を読んだ話をされて。

左藤さんは、マイルドな人ではないですよね。よく話を聞くと、異様に教養があるし、理性的で。教育一家の生まれなのに、頭の使いかたは学校で教えられるやりかたとは全然異質で、それが不思議です。

誰とも仲良く、っていう人じゃないんでしょうね。その、ひとりでやってる感じがいいんです。あの醒めた目。あの人は、きちんと自分が、人が死ぬところまで見てるでしょ。そこが、永遠に続く現在の中にあるような可愛らしい器を作っている人とは違いますよね。

クラフト界は、毒のない人がほとんどですよね。僕はそれは否定しないけれど、ああいう得体の知れない教養がある人は、ちょっと癖がある感じに映ってしまうのかなと思う。

でも、買い物の楽しさや、気持ちよく買い物をしようという感覚を理解できない人は、作り手としても駄目だと思う。左藤さんは、ちゃんとその辺も分かっている。

あの人は、全然違ったもの同士を繋げて考える能力に長けていて、いろいろな要素をまとめあげてひとつのものを作っている。だから、話をしていると楽しい。

今、うちで取り扱っているガラスの作家は左藤さんひとりで。もうちょっと広げようと思っていて、津田清和《つだきよかず》さんにも声かけてて。左藤さんにも、津田さんしかいないでしょ、と言われて、よかった、と思った。

コップの変革
東京・二子玉川『ＫＯＨＯＲＯ』　恩田裕美さんに聞く

左藤さんは毎夏『ＫＯＨＯＲＯ』で個展を開いている。今年でめでたく10度目となる。一軒の店でそれだけ多くの回数を重ねているところは他にないという。『ＫＯＨＯＲＯ』にとってもそれは同じく「毎年必ず個展をしてくださっているのは左藤さんだけ」と、店長の恩田裕美さんは言った。

「他の作家さんは2年に1回とか、3年に1回とか。理由は様々なんだと思うんですけど、新しいものを作るのに、1年の周期だと自信がないとおっしゃる方が多いですね。でも、左藤さんは毎回、作ろうとしているものはすごく沢山あるとおっしゃっています」

左藤さんも、毎年個展をおこなっているのは『ＫＯＨＯＲＯ』だけだそうだ。お互いにとって別格の夏なのだ。左藤さんによると「まだ取引先の少ない時期にそう決めたから」とのことで、今後、他の店から、毎年やってほしいと打診されたとしても、そうそう気安く承諾するつもりはない様子だった。

10年間『ＫＯＨＯＲＯ』で売れ続けている品は「モール皿、モール小鉢、リンカモール小鉢。特に、リンカモール小鉢が左藤さんの十年定番」とのこと。『ＫＯＨＯＲＯ』が取り引きをしているガラス作家は3人で、中でも「左藤さんのモールは美しすぎます」という。

左藤さんのガラスには根強いファンが多いという。

「食卓をガラスだらけにしようとはなかなか思わないはずなんですけど、左藤さんのガラスは買い集めてもしつこさが出ない。使い勝手がいい。クリアと飴色を合わせるとちょっと夏っぽくなるけど、そこにセピアを合わせるとまた違ってきますし」

恩田さんは『KOHORO』が2周年を迎える直前の2007年3月に入社した。

「そのとき、店頭にはたしか、モール皿と、モール小鉢と、オリーブ猪口がありました。あと、当時定番で扱っていたのは、丸底コップ、テーパードグラス、広口コップ、ピッチャーです。お会いする前に、ブログは拝見していました」

コップを片手で持ったとき、底に触れる小指と薬指でその鋭角さを感じられる「コップの底のエッジ」。左藤さんは、コップ制作の話になるといつもその部分に言及する。その仕上がりに自信が持てるようになったのはそんなに昔のことではないとも言っていた。

この、店との付き合いについての話を書く上で、左藤さんとメールでやりとりをしていたところ、返事の中に、こんなくだりがあった。

お店との関係でよく思い出すのは『KOHORO』の展示のときに在店してぼんやりしてい

たときのことで、接客が一段落したときに店長の恩田さんが、小鉢に比べてコップの足が遅いような気がする、みたいなことをぽつりと言って、そのときは、うちはなぜかそうなんですよね、とか返して小さく凹んだけども、帰りの電車から焦燥が徐々に広がったのでした。千葉に越すか越さないかの頃で、底のエッジと口元の厚みの二大課題はまだ解決していなかった状況で『KOHORO』はあまりそういうことを言う店ではないのですが、あれは何だったのかなという思いがあります。

すでに独り立ちしている作家に対して作品の内容については言うのは憚られるというのは当然ありますが、仮にそれを言われたとしてもやはり「売れない」しかも「気がする」とか言われる方がはるかにインパクトはあるもので、問題の輪郭がとてもはっきりしてきて、それは言い難くてもやはりお店としてそこに触れるのが務めだと思いました。それで助かる人は助かるのですから。

恩田さんのその一言を受け、翌2010年の『KOHORO』での個展のDMには「今、コップの吹き方で壁に当たり、悶々としています。展示が始まるころには少しすっきりしていると思います」という文を左藤さんは載せた。それまで『KOHORO』のDMのために写真を撮るのもそういえば小鉢や皿、ピッチャーなどで、コップではなかったという。

それから2年後、2012年の個展のDMには、型吹きのコップのひとつ、縦モール酒器にビールが注がれた写真が使われている。

さて、肝心の恩田さんは、コップの変革を促すつもりはなかったという。そもそもおぼえていないそうだ。

「……全然記憶にないので、どうしようって思って。左藤さん……怒ってましたか？」

しおしおとほんとに申し訳なさそうに、縮こまる恩田さん。

きっとこの店での売れ筋、リンカモール小鉢などを褒めようとして、つい、コップを引き合いに出したということなのだろうかと推測する。その言葉選びは適度に婉曲で、でも、左藤さんが自分でも気付かずに閉めていた蓋が、その一言でぱかっと開かれたことは確かなのだった。

自分自身が指摘したことはおぼえていないという恩田さんだったが、それからコップが変わった、ということには真っ先に気付いていた。

「ほんとに、ぐっと変わりました。口の厚みも、底のエッジも。私が入社した当時は、お客さんからも、昭和のレトロな感じでいいよねえ、とか、そういう感想が多かったんですよ。そのへんも変わってきています。最近は、洗練されていて、洋食器と合わせてもよさそうな感じ」

手に取ったお客さんが、食べものが盛りつけられたところ、飲みものが注がれたところまでイメージし、ふと、それを口に出す、ということも少なくない。

「コップを包んでいるときに、アイスコーヒーに使います、とか言われたり、モール小鉢を見て、お友達同士で、もずく酢が合うとか言い合ったり。なんとなく、デザートよりもそういうほうが多いです。モール深皿も、やっと冷やし中華の器に出合えたって言われたり……あはは。具体的に食べもののメニューが出てくるんですね」

「もみじ市」同行記

ガラスを直に売る、ということはどんなものか見届けてみたくて、売り子として手伝わせてもらいたい、と、左藤さんにお願いしていた。

多摩川河川敷で催された「もみじ市」に売り子兼記録係としておじゃましたのは2014年9月末のことだった。

「左藤吹きガラス工房」は「もみじ市」には今回を含めて4度出展している。「もみじ市」は「大人の文化祭」を謳い2006年より催されており、2014年で第10回を迎える。主宰するのは、調布市を拠点にし、カフェや雑貨店の経営や「東京蚤の市」「布博」など数々のイベントをおこなう『手紙社』だ。

今回の「もみじ市」のテーマは「100人の個展」で、そのとおり、100組の作り手が集まるとのこと。

「もみじ市」に出展するのはクラフトの作家ばかりではないものの、そうは言ってもクラフトフェアと客層はそんなには変わらないのでは、というのが左藤さんの見解だ。クラフトフェアも、開催される場所によって来る人の傾向は変わるからだと。

前日の晩、左藤さんからこんなメールが届いた。

ガラスの仕上げは昨日終わったのですが、小冊子の製本（ホッチキスで止めるだけですが）がまだ終わっておらず、あと、道具の展示に添える説明書きも要ることに気付き今日は寝られるかなという感じになっています。

昼間は車の後部シートを外すのに時間を取られました。前の車は便利だった。うち以外に徹夜の人も多いでしょうね。

明日は一応7時くらいには会場入りできるように考えていますが、そんなに早く来なくてもいいと思います。結構だらだら店を出していますので。

2014年9月27日（土）晴

「そんなに早く来なくてもいい」という一言に甘えて、私が河川敷に着いたのは朝8時過ぎだった。天幕の下には、テーブルの天板と脚が置いてあるほかはまだがらんとしていて、左藤さんと弥子さんがそこで笑って迎えてくれた。

木製の天板に鉄の脚をボルトで固定するという作業から手伝いはじめる。軍手を持ってきていなかった、しまったと思っていたら、弥子さんが貸してくれた。テーブルが組み上がったら、今度は棚を組み立てる。

天板の裏には「中の4」「朝の3」などと符牒が書かれている。風が強いこともあり、ペグで棚の脚を地べたに固定する。これらの什器は数年前に全て自作したそうだ。

プラスチック製のコンテナから、ガラスを取り出して、テーブルの上にとりあえず出していくのは弥子さんと私。ガラスはひとつひとつ、2枚重ねにした新聞紙でくるんである。コンテナの底には新聞紙を3枚は重ねて筒状に丸めたものが隙間なく敷きつめられていた。左藤さんは、解いた新聞紙をきれいに四つ折りにしてまたコンテナにしまっていく。

もみじ市事務局のスタッフ、竹内省二さんが挨拶にやってきた。竹内さんはこないだ工房を訪ねてきたそうだ。左藤さんに上総一ノ宮の魚屋に案内され、さんまのお刺身を買ったという。左藤さんは竹内さんが立ち去ってからもしばらく、立ち話の姿勢のまま、2匹で900円だったさんま刺しの横にあったあん肝が大人の握りこぶしふたつ分くらいの大きさで1200円、それが高いのか安いのか迷って、高いかもしれない、と買わずに帰ってきたが、思い返せば居酒屋で出されるあん肝はもっと高い値段だしやっぱり買えばよかった、今度は買おう、と、ずうっとあん肝についてぼやきながら、手は止まっている。弥子さんがたしなめる。

「玲朗さん、立ってるだけやん！」

左藤さんは昨晩、1時間半しか眠っていないらしい。そのせいで、体はまだ目覚めず、頭はナチュラルハイな様子。

弥子さんに「このテーブルには再生ガラスを並べようか？」と声をかけられると「適当でいいんちゃう」と、傍で聞いているとかなり投げやりな返答。しかしいつものことなのか、弥子さんは「あー、こっちはコップだけにしよっか」などと独り言のように呟きながらテーブルの上にばあーっと出した数多のガラスを隣のテーブルや棚に並べていく。すごく手早い、ともいえないが、決してのんびりとはいえないくらいのスピードで並べていく。見ていて、やっぱりこっち、とか、いやあっち、とか、そういった迷いはほとんどないのに気付いた。左藤さんは弥子さんの並べかたにけちをつけることは一切しない。黙って並べかえるなんてこともしない。その託しかたは潔くていいなと思った。

左藤さんはガラスをいったん自分の望んだ形にしてしまえば、その先の、並べかたとか包みかたなどはもう人に任せたい、手離れさせたいと思っているのだろうか。

ともあれ、弥子さんのディスプレイはごくあっさりしている。そんなに手の込んだこともしていなければ奇をてらってもいない。下に布をあれやこれや敷いたり、お花を生けたり木の実を転がしたりもしない。そういう見せかたは左藤さんのガラスには合っていると思う。弥子さん、左藤さん共に、ディスプレイについて、雑誌や、他の人の展示などを特に参考にすることはないという。

今回の新作は「養命酒コップ」いや、それは通称で、盃。養命酒を買ったときにおまけで付いてくるプラカップをイメージしたという。

左藤さん「これまでに作っていたショットグラスだと大きすぎる、と、養命酒を飲んでいる友達に言われた」とのこと。「養命酒を基準にしとけば間違いはないすよ」とも言っていた。

屋外で見るガラスの美しさ、というものはたしかにすごく力強い。光を受けて、解き放たれたように見える。

ギャラリーや左藤家や私の自宅、つまり屋内で見たときは飴色に惹き付けられていた。しかし日の光の下では色の付いたガラス、茶縁猪口とか、酒青色のタンブラーとかのほうがきれいに見える。実際、私が、これ好きなんですよ、と品出しのときに言った飴色向付は二日でひとつも売れずじまいで気落ちする。

左藤さん曰く「写真撮るときもガラスは逆光、って本にも書いてあるけれど、肉眼でもやっぱりガラスは逆光なんですよね。直射日光が当たってるのって、俺、あんまりきれいと思わへん。自分の側から光が当たってたらだめですよね」

11時に開門。どきどきしながら待ち受けていたが、うちのブースにはすぐにはお客はやってこない。不安になったが、夫妻は、そういうものだ、と、どっしり構えている。お客はまず食べもののブースにまっしぐらに向かうそうだ。左藤さんのガラスは血眼になって買い占めるものではないということか。

初動はのんびりでも、お昼過ぎには、天幕の下がお客でいっぱいになり、会計にも3、4

人が並ぶなど盛況の時間を迎える。ずうっと混んでいるわけではなく、波のように引いてはまたやってきて、という繰り返し。買い求めるのは一品、という人は1／3くらい。ふたつ買っていく人は半分くらいだったかな。どうだろう。

箸置きを選ぶ人は、たいていふたつは買う。その場合、全く同じものを対で、ではなくて、同じモチーフで色違い、同じ質感で形が違うもの、などを組み合わせて買っていく人がほとんどだ。例えばカットガラスの箸置きだったら、丸と十字をひとつずつ、などと。

地べたに置いた板の上に並べておいた箸置き、その周りにはずっと子どもたちが集まっている。コップやお皿みたいに、あぶないから触っちゃ駄目、と大人に注意されないからだ。箸置きはおはじきみたいで、いじっていて楽しいのかもしれない。

ペーパーウェイトは、まさに飛ぶように売れていく。ガラスのとろっと重たい質感がよくあらわれているからだろうか。

凸型ペーパーウェイトは「ナガサキリンネ」に出展した2012年から作りはじめたそうだ。ほとんど真っ黒に見える、濃いモスグリーンのペーパーウェイトには、コップやボウルなどの値段を書いたシールを貼って、値札立て代わりに置いてある。それを手に取って横から見たり下から見たりして、買いたそうにしている人を幾人も見かけた。けれど、これは11月末の「自宅展示販売室」の開店の折に来てくれたお客さんに差し上げたいから今は売らない、と、左藤さんも弥子さんもその姿勢を崩さない。売るなら来年くらいに、とも言う。私だったら、欲しいと請われたらすぐにその場で売ってしまうだろうな。

初日の前半、青いガラスは男の人に好まれる、という傾向を摑んだ気でいたが、後半になってみるとそうとも言い切れない。売れ筋の傾向は一日では分からないものか。

弥子さん「リピーターは男の人が多いよね」

左藤さん「多いというよりも、目立つ。面倒くさい質問をしたりするし、印象に残りやすい買い物をする。でかいコップとか、小さいショットグラスとか」

女の人はそう偏らない、ちょうどいい大きさのものを買う傾向があるという。

また、コレクションしたがるのは男の人、とか。

初日は、大きいもの、例えばモール鉢とか、以前はもっとシャーレ風だったが底の部分により丸みを持たせたマカイなどがいつもよりもよく売れたとのこと。


左藤さんは、ちょくちょく、ふいっといなくなる。弥子さんにも特段ことわりなく。弥子さんが手を止めて「ねえ玲朗さん」と話しかけたときもうそこにはいなかったこともあった。とはいえ「いつもどこか行っちゃうんですよ」と、あっさり諦め顔の弥子さんでもあった。ふらっとどこかへ行くといっても他のブースを見て歩くでもなく、知り合いのところへ向かい、一緒に河原で煙草を吸っている、と弥子さんは言った。左藤さんは、ロングドライブの最中など、眠くなったときに煙草を吸うらしい。

この日、どんな風に接客するのかはふたりの動向を観察しつつ足並みを揃えていこうと思っていた。開場のち、ひとりふたりお客がガラスを見にやってきて手に取るなどしはじめた。ふたりは、お客になにか声をかけたりはせず、遠くからやんわりと見守っているという風だった。こんにちは、などとこちらから声をかけたり、ガラスの説明をしはじめたりはしないんですね、と尋ねると、なにか質問されたらちゃんと答えるけど、自分も見ているときにあれやこれや話しかけられたくはない、静かに見たい、というように、左藤さんは言っていた。私自身もそういう風に買い物をしたいタイプである。先回りして説明されると、白けてしまい、もう買う気が失せてしまうこともしばしばある。それはつまり、そこでも、左藤さんと左藤さんの作るものにシンパシーを感じているということか。

「ほんとうに買ってくれる人は黙って、少し怒ったような顔をしてガラスを見てる」と、弥子さんは言った。

初日を終え、私がメモ帳に書いた言葉。

「作る」という仕事が全うされなければ「売る」という仕事は生じない

9月28日（日）晴

2日目の朝。左藤さんの晩酌はいつもビールのロング缶2本だけれど、昨夜は帰りにイオンに寄るなどしていて家に着いたのは午後9時、1本飲んだら眠ってしまったとの話、弥子さんから聞く。

リンカモール小鉢の話をしたとき「あれ、あん肝にちょうどいいんじゃない」とまだ言っていた左藤さん。そういや昨日、リンカミニボウルを手に取り「たこわさが浮かぶわー」と言っていた女の人がいた。私よりも若かった、ということをなぜかおぼえているのは渋い肴を選んでいたからか。

そういや、初日にどんどん売れていったオリーブフリット小鉢をすっと手に取って重ねてみている女の人を幾人も見かけた。スタッキングできるかどうか試しているのだな。そして、買っていくのは私よりも年上と思しき人ばかりだった。

初めてオリーブフリットの猪口を出したのは千葉のクラフトフェア「にわのわ」で、そのときはひとつしか売れなかったのだが、その後、大阪のクラフトフェア「灯しびとの集い」で並べたら真っ先に売れていったという。

「豹柄に見えるからかな」と弥子さんは言った。

やはり関西のマダムはとりわけ豹柄を好むのか。

ガラスを1、2点購入のち、おもむろに名刺を出し、自分は○○という店をやっている者で、左藤さんのガラスをぜひ扱いたい、という相談を持ちかけてくる人がしばしばあらわれる。1日目は3人来た。2日目は数えていなかったがもっと来たのはたしか。

「今、新しい卸しの話は全部断ってるんですよ」

左藤さんは、全ての人にそう告げていたが、しかしショップのバイヤーの人たちは、そう言われてもあっさりと引き下がりはしないんだなあ、と、傍で見ていて妙に感心する私。

市が終わる頃には天幕の下にはぽつんぽつんとガラスが残るのみ、かなり寂しい光景となっていた。

今回の出展数は390だという。売れていった数は300は下らないはず、というのが私の目視での印象だった。

弥子さんが計算したところ、今回の「もみじ市」の総売り上げは65万円。はじめて出展したときの売り上げに近いということだった。曇天と雨天の2日間で来場者が少なく、45万円ほどの年もあったそうだ。

この売り上げから2割が、出展料として『手紙社』に支払われる。


2日目を終え、メモ帳に書いた言葉。

売り方の工夫というのもあれど、やはり作られた「もの」の圧倒的な存在感の前には小手先にすぎない。あらためて、いいもの作ろう、と思わされる

リサイクルから、一生の仕事まで

瓶のリサイクル

「左藤吹きガラス工房」で使われる基本の素材は、廃瓶だ。

左藤さんのガラスを知るまでは、ガラスをリサイクルして制作をしている、という話を、単に「いいこと」だと受け止めていた。それ以上突き詰めることもせず。

そもそも素材をどうやって調達するのかも知らなかった。

左藤さんが主に使っているのは、お酒や酢の空き瓶だという。なるほど、のんべえにとって、酒瓶を融かして作られた器でお酒を呑む、という行為は真のリサイクルといえやしないか。

しかし左藤さんはこう言った。「瓶を融かしてリサイクルしたからといって、たいして得することはないですね。まず、ガラスを融かす時点ですでに燃料が要るし。ほんとうに環境のこと考えたら、融かさないほうがいいって話になるんですよ」

丹波では灯油で窯を焚いていた。灯油の値段が高いときには一日の燃料費が4、5000円にもなっていたという。白子ではガス代は安いとはいえ、それでもひと月のガス代は10万円を下らない。

リサイクルはなんだかいいことみたいだし、もちろんお得、というイメージはいかに甘いものだったか思い知らされる金額だ。

瓶を入手するのも、そう楽なことではない。

丹波時代には、廃瓶が山に積んであるリサイクルセンターに通って集めていた。

「危ないから、安全靴を履いて行きました。上のほうにあるいい瓶をとれるように、長い竹竿の先に針金で作った鉤状の道具を付けて、それで釣ったりしました。ドラえもんの釣りゲームみたいに」

白子では、近所の人、海岸のごみ集めをしている人たちがしばしば持ってきてくれることもある。月1回の資源ごみの日に、近くのごみステーションでも集めている。

「ごみも資源で、本来なら勝手に持ち去ってはいけないから、自治会長に事前にちょっと話をしたり、分別がいい加減なものをやり直したりとかの仕事をお手伝いしたりしているうちに、なんとかリサイクルの原料を確保できています。近所の人はあそこはああいう家だからとあまり気に留めてもいないようです」

ごみステーションで瓶を集めるのは弥子さんの役目で、一輪車を押して取りに行く。持って帰るのは日本製の瓶のみ。

「特に緑の瓶とか、色瓶の場合、明らかに同じ色に見えるんですけれど、国が違うと、融かしたときに出た泡がいつまでも消えなかったり、融け残ったりで結局使えないことがあるので。国産の瓶であればほとんど原料の組成が変わらないようで、だいたいどんな瓶でも混ぜて使えます」

底を見ただけで、日本製だとすっと分かるのはどうして？

「符丁みたいなものが書いてあるんです、裏に。自分が知ってる符丁が書いていない場合は、はじく」

手近にあった日本酒の瓶を逆さにして底をみると、すぐにそれらしき刻印を見つけることができた。「ＹＴ」とある。

「それは、日本山村硝子の東京工場、という意味なんですよ」

なるほど。これはどこのものだか一目瞭然のマークがこんなところにあったとは。アルファベットを組み合わせたものが主である、製瓶メーカー各々のマークは「日本ガラスびん協会」のサイトでその一覧をみることができるとも教えてもらった。

瓶の底なんて、これまで全く気にかけずにいた私だった。

集めた空き瓶は洗浄し、水に漬けてラベルを剝がす。

「昔のラベルはすごく剝がしにくかったですけれど、今は分別のことを考えているのか、ぺろっと剝がれる瓶が多いです。昔はこてでがりっとやっても剝がれなかった。いい瓶というのは、ラベルが剝がれやすい瓶、それと分厚い瓶」

分厚くてずしっと重い、ラベルも剝がしやすい、という点で、とてもいいのは、例えば、焼酎「神の河」の瓶だそうだ。

ガラスの原料は珪石である、それは本で調べても知れることだけれど、再生ガラスには「神の河」が向いている、そういう、妙に実感の湧く話はこれまで聞いたことがなかった。

そうやって、すっかりきれいになった瓶は、砕いて、朝、坩堝に投入する。

「作業が終わってすぐ入れるところもあって、工房によっても違うんだけど、うちは朝入れる。1日に入れる量はだいたい4キロから6キロのあいだです。小さいものを作る日は3キロぐらい。例えば、今日作ったモール小鉢の場合は、4キロ要らないですね。カトラリー立てだったら6キロ要ります」

お金を出して買うものではないゆえに、いつ、どれだけ、廃瓶を入手できるかという見通しは確実には立てられず、いつでも安心して制作できるという状況にはないのが実情だった。だが、2014年春、四街道にてリサイクル業を営むフルカワさんから「瓶が集まらなくて困ってるという話を聞いて、もしよかったら」とのメールをもらってからというもの、瓶の調達は格段に楽になったそうだ。フルカワさんは、あるガラスの体験教室で、左藤さんのことを聞いたのだという。ぜひお願いします、と返事をしたところ、早速、ガラ袋にいっぱいに瓶を詰めて、車に積んで持ってきてくれたのだ。なんと親切な人だろう。

ガラ袋というのは、サンタクロースが持っているあの袋を思わせる大きさ。それを一度に5、6袋持ってきてもらう。中に詰められているのは、把手付きのサントリー角瓶。容量は2リットルほどというジャンボボトル。空き瓶そのものだけで1キログラムはあるという。業務用として流通するのがほとんどのサイズらしい。

「角瓶のラベルは、一晩水に漬けといたらぺろんと剝がれます。飲み屋さんからそのまま蓋して持ってきているから、中に砂とか入っていなくて、洗うのが格段に楽になりました。6本洗ったら1日分の原料ができるんです」と弥子さん。

ガラス瓶は一見透明のようでも、製瓶メーカーそれぞれ、わずかに色味が異なるものだという。微量の鉄分がその色を出す。

「緑が強いもの、青色が強いものなど色々なので、透明のコップを吹いても毎回ごくわずかに色が違っていることもあります」

「左藤吹きガラス工房」の品の中には溶かした瓶そのままの色で作る品もあれば、「酒青」「セピア」など金属酸化物を使って着色するものもある。

セピアは、酸化ニッケルなどを加えて色を付ける。イメージしているのは、サントリーローヤルの瓶の色。

酒青は、昔流通していた日本酒の瓶をイメージし、微量の酸化銅を調合して色を出す。お客さんにはよく、ラムネ色、と言われるそうだ。

焼酎の、オリーブ色の瓶は通称「黒瓶」と呼ばれる。瓶の状態では真っ黒に見えるから。その瓶で作った黒いインク瓶型のペーパーウェイトは「もみじ市」では値札立てとして活躍していた。陽に透かしても、ちっとも透けない。「もみじ市」に売り物としては出さなかったわけは、透けないから駄目かなと思ったのもある、と左藤さん。駄目、それはガラスらしくないという意味だろうか。

沖縄時代には「サントリーオールドの黒や山﨑のセピアとかは再生しても売れないんじゃないかって言われていた」という。

「まあ、売れるのはどっちかっていうとクリアでしょうけど、今ではコップ以外は色が付いていてもええやん、と思っています」

廃瓶を使わないで作る品もある。飴色の器は、工芸用に調合されたソーダガラスのカレット「Kスキ」に色を付けて使う。Kスキの特徴は、再生ガラスより透明度が高いこと、低温で融け、冷めにくいこと、バリが出にくいこと。

「以前は、Kスキと同じく三徳工業というメーカーが作っている〝古代色〟を使っていました。使っている作家も多い、明るい黄色。色がきつすぎるのと、均一に融けないことがあったのでやめました。いつまでも柔らかくて、冷めにくい。ガラスをはじめたての人が好んで使う場合が多い」

だから「最短で、最小の手数でやりたい」という左藤さんが使うにはもどかしい素材なのだ。左藤さんの飴色は、ほんのわずか黄色い、喩《たと》えるなら生成りの色だ。なぜか漠然と懐かしさを誘われる色である。

日本酒を飲もうというとき、飴色の向付《むこうづけ》にしばしば手が伸びるのは、日本酒そのものの色に近いからだ、と気付いた。しかし「もみじ市」で飴色の向付がぴくりとも動かなかったわけは、屋外ではその透明度があだになったせいかなあと推測してみている。

飴色も含めて、どの色にしても、そういえばこういう瓶をどこかで見た、とつい思わされるものなのだが、実際には左藤さんが色を調合している場合が少なくない。世の人の郷愁を誘う塩梅が見事である。

ガラスとやきもの

『黄色い鳥器店』の高橋千恵さんが惹かれた茶縁チョクの口元は、オロナミンCやリポビタンD、あるいは養命酒などの瓶を使って色を付けている。

こうやって口を茶色く縁取る技法は、やきものにはよく見られる。地域によって「皮鯨《かわくじら》」や「縁錆《ふちさび》」と呼ばれ昔から愛好されてきた、鉄粉を使った渋い装飾だ。ただ、渋いとはいっても、それは今から見た感想であって、やきものにのせられる色の種類などはずいぶん限られていた時代の産物であるからには、また別の印象を与えていたはずだと想像してみる。

縁に色の付けられたガラスの器はよくあるけれど、たいていはぱっと見に華やかな彩度の高い色が選ばれている。ガラスは素地が透明だから、のせようと思った色がそのままきれいに出る。しかし色遊びにかまけるとよくない、というようなことを『カンケイマルラボ』の須田マサキさんはそういえば言っていた。

あえて茶色という抑えた色を選んだこと、やきものとの親和性。茶縁チョクは食卓にすっと馴染む理由はそこにある。

「お椀だったら、ちょっと膨らんで、少し反って開いて。デザインというか、皮膚感覚として、そういう形になってしまう。体に馴染んでしまっている。

お椀を作るにしても、寸胴型のコップにしても、やきものでもうすでに先行の形がある。なんといっても、やきものは数が多いから。目に触れる絶対数が多い。どこへ行ってもやきものはある。例えば、美術館に行ってもたいていやきものはある。でもガラスはない。

形の自由さで言ったらやきものにまさるものはない。轆轤で無理だったら輪で積んで、それも無理だったら手びねりで。可塑性、加工性が高い。形を作る上で、技法的に自由。だからどうしても、参考にするんだったら幾つもバリエーションがあるやきものに目が向いてしまう。やきものの影響は必ずあると思います」

「日本ガラスびん協会」のサイトには、日本国内のガラス瓶工場の地図が載っている。北は福島から南は福岡まで。その中で、千葉が特にガラス瓶の産地として名高いということもなく、そもそも瓶の原料は国内ではほとんど調達されない。輸入が主である。

ガラスの器を作る技術が日本に入ってきたのは江戸時代。日常の道具としてガラスが使われるようになったのはそう昔のことではない。

食器として同じく卓上に並ぶ、やきものや漆よりもずいぶんと歴史が浅いために、精神的にも、また人脈の点においても拠りどころを得にくいことはデメリットともとれるかもしれないが、それは伝統にからめとられないというメリットだ、そういう考えかたもできやしないか。

また、原料の採れる土地に暮らしかつ制作するという、土地に根ざした安定感も得られないが、別の見方からすれば、土地に縛られないで済む自由があるともいえる。

手強い同業者

談／左藤玲朗

決して器そのものが嫌いなわけじゃないけど、今、器の業界がどうなってるかということにはあんまり興味がなかった。

同業者と交流し出したのは、ここ2、3年です。面白いのは面白い。やきものとか比べものにならないくらいニッチな、特殊な仕事だから面白いんですね、やっぱり。

自分の同業者は、すごく手強い奴であってほしい。たしかに商売敵としては優れた奴がいないほうがいいのかもしれないけど、やっぱり、腕のある奴と話がしたい。

友達が欲しいなと思っても、すごくいい友達というのは、巡り合わせがなかったら、なかなか得られない。それと一緒で、同業者で、腕のある奴、優れた奴というのは望んでも得られない。難しいんですよ。

津田清和と、大阪の「灯しびとの集い」で初めて直に話したときに、ほんとにうれしかった。こいつはほんとに優れた奴だなと思って。他の吹きガラスの作家とは全然違う、異質なものを、僕は感じたんですよね。経歴を見ると、普通の大学を出ている。関西大学の法学部。津田清和が、いつ、どこで、器を作りたいと思ったか、それは分からないけれど、参入したときは自分は門外漢だという意識があったんじゃないかなって想像している。

吹きガラスは、融けたガラスを吹き竿に巻き取って吹いて、ポンテをくっつけて吹き竿から切り離した後、グローリーホールか坩堝で口をあぶって焼き戻して、作業ベンチで転がしながら口を広げてゆく、というのが普通、当たり前だと思われている。要するに、やきものの轆轤成形と理屈が同じなので、基本的に口は円になるんです。

作る側からすれば、いちばん理に適っているのはそのやりかたかもしれないけど、もっといいやりかたがあるんじゃないかなと。ひとり、多くても3人くらいの少人数でやるときに、そのやりかたがほんとに、これから器を作っていくときのやりかたとしてスタンダードになるのか。

津田清和の多角形の小鉢を見たときに、これはひとつの解答のような気がした。今の作家で、多角形の型を使っている人はいっぱいいるんだけど、誰の器よりも津田清和のものがいいように僕は感じます。

実は僕も多角形の型は何度か試みているんです。多角形の型を作って、その型に吹き込んで、型の中でぷーっと吹いたとき、息の力でガラスが型に押し付けられて、エッジがぴしっと出る。型に吹き込んだ時点で、形は完成している。それが実はいちばんきれいなんです。ほんとだったら、その形のまんま出したい。でも、ポンテの後のあぶりで、焼き戻す段階で、形はどんどん崩れる。変わるというよりも、崩れていくんです。結局台無しになってしまって、それからは手を出さないようにしたという経緯がある。

型吹きで現出した美しいシルエットやエッジを完成までもっていく、ガラスの形を崩さずに、口にくっついている余分な部分だけ取り去るためのテクニックを、津田清和はなんとかして考えたそうです。僕の想像よりもさらに手のかかる工程を経ていた。その姿勢は、作り手として誠実ですよね。普通の作家だったら、もともとあるやりかたで間に合わせようとするから。それが彼の偉いところなんです。

そういう試行錯誤というのは、やってる本人はけっこう楽しいんじゃないかとも思う。僕が自分の仕事に求める楽しさというのも、そういうこと。曖昧な精神論じゃなくって、具体的な成果が欲しい。

そういえば、ポンテの切り外しにカッターの刃を使うというのを、彼が熱く語っていたのを思い出しました。なぜか僕がやるとうまくいかないんですね。うちはちなみに洋食用のナイフ、皿の上でステーキとか切るやつを使っていて、これは長崎の『瑠璃庵』でやっていた方法です。『奥原硝子』では、草刈り鎌の先でこんこんやっていました。

あるギャラリーのオーナーと話していたとき、津田さんの話になって。その人は「可愛げがないんですよね」と言っていました。どういうつもりでそう言ったか知れないけど、僕にとったら、あいつはすごい、優れている、という風に映りました。やっぱり、津田清和はそこそこの人物なんだなと。顔はすごく端正だけど、食えない奴だなあ、と。「可愛げがない」。いいですよね。俺も言われてみたいなあ。

教わる、教える

談／左藤玲朗

工房を見せてほしいとは、よく言われます。だいたい断ります。

例えば、どうしてもバーナーの燃焼が上手くいかないとか、徐冷炉の温度が上がらないとか、なにかそういう困ったことがあって、見たいというなら、それは必ず見せますけど、なんとなく見たいという奴に見せてもただお互いにとって時間の無駄。だったら、幾らでもガラスの溶解炉を持っているところはあるし、他の工房やガラス教室に行ったほうがいい。

教えてほしいと言われることもあるんです。だけど、ありえないようなことを言ってくる人が多くて。例えば、土日に教えてくれと言う人。俺はいつ休むんだ。

どうしても、作り手として、それだけで食っていきたいという、絶対にやるんだという姿勢がないとできないと思うんですよ。まあ、なんでもそうだけど。

もし自分がどうしてもそこで勉強したかったとしたら、そんなあほな近付きかたはしないはずだと思う。

ある作家に、話聞かせてもらったとき、ねじこんで駄目なところはないって言うんです、その人は。もし自分がどうしてもそこに行きたいのであれば、基本、ねじこめば絶対に入れるって言って。確かにそうだな、と思ったんだけど。

小谷真三先生の弟子になった横山秀樹さんも、ものすごく強引なやりかたで行ったんですね。

東京の民藝店で働きながら、休みの日には夜行列車に乗って小谷さんのところに通い詰めて、しまいには倉敷に越して、それはもう、たいへんな犠牲を払ってやっているわけで。そういうやりかたで来られて駄目とはちょっと言えないですよね。帰れとはね。一回帰れって言われても、その日は帰ってまた来たらいいだけなんで。本気でやろうと思ったらいくらでも入りようはあるから。

教えてほしい、という場合は、例えば自分はこういうのやりたいんだ、とか、以前こういうの作ってたんだとか、形として見せないと駄目だと思う。せめて、絵を描いて、こういうものを作りたいという風な。文章でもいいと思うんです。自分の得意な、なんでもいいから成果物を持っていく。自分が今できることをぱっと提示する。

あるガラス工場では、経験者は採らないらしい。ガラスの学校を出たとか、工房で働いてたとかっていうのは、現場の職人が嫌がるのかもしれないけど。なんでそこで、変な入口作るのかなと。もっと絞らないといけない、撥ねないといけないフィルターはそこじゃないと思います。別に、10年ガラスやってたから駄目ってわけはないですよね。まあ、偉そうなこと言うようだけど、それじゃ、現場が伸びないと思うんです。そういうやりかたして、自分らのやりかたに合わせてもらうぞというのは、自分ら自身が伸びないんじゃないか。

先生、その吹きのやりかたちょっと違います、って言われたら、たしかに腹立つには腹立つ。でも、それはしょうがない。覚悟しておかないといけない。自分が10年やって上手くいってるからって、それがほんとうにいいやりかたなのかどうかなんて分からないですからね。

いずれはやっぱり教えたい。弟子を取りたい。

ガラスをやめるにしても、誰かに自分がやったことを全て教えてからやめたいな。もったいないから。けちくさいようだけど。

自分が苦労して構築した技術を教えるっていうのもあるけど、そこそこ、細々とでもいいから一生食えるぐらいのことを教えたい。例えば、店との付き合い方とか、こういうのを作ったらまずい、ここだけは行くなっていう下世話な知識もあるし。ただ、師匠の劣化コピーを作るだけだったら、なんの意味もない。少なくとも、どんだけ悪くても、俺よりは上手にならないといけないよって。

スタッフも要らないし、従業員も要らない。補助してもらう気はなくて、ただ教えたいだけだから。基本、仕事はひとりでするものですよね。仮に人と協力する仕事でも、やるときはひとりだから。

それだけ言うと、ただのいい人みたいだけど、当然、月謝は取りたいですよ。現金、っていう意味じゃなくて、お金のない奴は別に米でも、野菜でも……まあ、できれば現金がいいけどね。ふふふ。なにも自分で犠牲を払わず、ただで教えてもらえると思っている奴が来たらやっぱり嫌なんです。そんな奴、成功しそうに思えない。なにかを差し出さなきゃいけないと思うんですよね。それは、俺に、っていう意味じゃなくて、なにかをやめたり、諦めたりすることも必ず必要になってくるということ。例えば、すごく都市の生活が好きだけど、しょうがないから田舎に住むとか。逆もあるかもしれない。あるいは、サーフィンが好きなんだけど、山の中で修業するとか。

これはこうやって吹いて、角度はこれぐらいで、生地の量これぐらいで、このタイミングで、と、逐一教えたとして、そしたら僕と全く同じものができるわけですよね。そういう風に、技術は全部、人から教えてもらったものを使うのもありかなという気はするんです。

あの人じゃないとこれはできないと思わせるようなものを絶対作らないといけない、ということを本人が完璧に理解できていたら、それもいいかなと思うんですよ。自分で作ったもんで食ってくんだったら、人の真似をしてたら絶対駄目だというのが分かってさえいれば。

見込みがある子だったら、全部教えた上で、そいつ自身が加えられるものがあるはずなんで。最近、そういうことをよく考えるんです。自分は経験したこともないことだけど。自分と同じことを人に強いるっていうのも、なんだかいやらしいというか。

「あと何年ガラスを吹けるかと考えると、20年」

談／左藤玲朗

２０１３年11月に、舩木倭帆さんが亡くなっていたんです。少し前まで知らなかった。舩木倭帆といったら、吹きガラスの世界ではビッグネームなんだけど、ひっそりと亡くなっていた。ネットで、名前で検索しても、追悼記事はそんなには出てこなかった。

いくら華々しく活動していても最後はものづくりの人はひっそりと死ぬんだな、と思った。どんなに僕が長くやっても、あと何年ガラスを吹けるかと考えると、20年。

体が利かなくなれば工房で制作することもできなくなるので、そこで、自分のもの作りのゴールが来る。フェイドアウトする。そんなに先のことじゃない。

まあ、20年として、そんなに、時代ががらっと変わる程の長い期間じゃない。

あんまり業界の動向は気にしないで、自分が作りたいものをどうやったらつつがなく作れるかを考えたほうがいい。

昔、そのあたりにいた鍛冶屋さんみたいに、どれだけ菜切り包丁を上手く打てるかとか、弟子を育てるとか、技術の向上とか、本当はもの作りの意味はそこにある。自分の人生にとってもそれがいいのではないかと考える。

20代とか、30代前半の作家には、自分がどっちへ動けばいいかということが、なんとなく勘で分かっている奴がもしかしたらいるんじゃないか。

僕ぐらいの年齢の奴には、次どうなるのかというのは分からないと思う。読めてない。だから、今が時代の潮目、ということばっかり考えて、それにとらわれるのもすごく空しい。

それよりは、まず、自分がやりたいことを、今以上に意識したほうがいいんじゃないかなと思って。

店の情報とか作家の情報とか、誰がどんなものを作ってるとか、なるべく周りからそういう情報を得ないように、努力しているんです。まるっきり、かまわないようにしている。難しいですけどね。それでも、どうしても入ってくるし、ふっと自分が見てしまうこともあるんだけど。人のものを見ないというのは、影響を受けたくないから。そのほうが、自分が作るものが際立って、いいんじゃないか。

普通の家庭で、作家が手仕事で作った器を使うようになった初期は、絵柄のついたものが多く流通していたと思うんです。それから、白を基調にした器の流れがある。今、それが飽和状態に達している。

長いことやってると、業界の勢力地図みたいものが分かってくる。で、それを観客席で上から見ているとすると、わりあい面白い。今はあいつが出てる、次はこいつがくるな。そこに自分が参加しなきゃ、けっこう面白いんです。

じゃあ、次はどうなるか、なにがくるか、というところばっかりに目を向けたくない。そこに危うさがあるんじゃないかな。ギャンブルで勝とうとするようないやらしさがあるような気がする。しかも、負けたら全財産失うんじゃなくて、保険でやってみようかな、有馬記念、ちょっと買ってみようかなというようないやらしさがね。

歴史の中の自分の仕事と、自分の一生の中の、短い自分史の中の仕事の位置付けは違う。自分史の中の仕事としては、別に、歴史がどうあろうが、あんまり関係ない。むしろ、そういうことを考えない、身を置かない、入り込まないようにしたいほうがいいんじゃないかと。

自分が作るものを、業界、時代のどこかに位置付けたいという欲望はある。でも、その欲望を目的にしたくない。

仮に、僕が陶芸家だとして、みんな、白い器にもうそろそろ飽きてきているんじゃないかという状況がある。外の歴史の観点から考えると、次は例えば色付けてみようとか、絵付けだなとか、例えば李朝を意識していて作っていたとしたら、次は中国だ、とか、いろいろなことを考えると思うんだけれども、自分が白い器を作りたければ、作ったらいいんじゃないかと思うんです。

もし、自分が現役で制作できる期間が30年あったとしたら、その30年の中で、最初は、色の付いたのをやってて、次に白に移ったと。移ったのは、周りのことを見て白に移ったんだけども、でも、自分の、限られた制作期間の中で、白をもっと続けたほうがいいのか、それともそれを足掛かりにして別のものにしたほうがいいかということは、外の歴史と関係なくあると思うんです。

よーく自分のことを考えるとね。手の癖とか、好みとか、最も得意とする技法とか、そういうことを考え合わせれば、自分が作ったほうがいいものははっきりしてくると思うんです。だけど、外界からのプレッシャーは、殊の外でかい。特に、お店とか相手にしてると。

ガラスは、やきものほどはそういう圧力がないのが有難いな。

例えば、僕が今作ってるものは、加飾はおそらく、モール、縁巻き、輪花だけ。あとはもう、なにもないし、色もそんなに使ってない。

今、そういうタイプのガラスがうけているんだけど、それを見越してやったわけじゃなくて、単に、否応なく、選択肢がなかったからそうやってきただけなんです。だけどそれをだんだん忘れて、自分が、いかにも、先見の明があってやったように頭の中ですり替えているようなときがある。けど、考えてみると、そうじゃなかったなと。単に、色使ったら売れないとか、あと、色の使いかたが分からないとか、ひとりだからこれは難しいとか、それが結果的に受け入れられた。結局、単に、しつこく、一生懸命やったからよかったんじゃないかと思うんです。

新作

丸いコップ、カップ

3月の終わり、石巻『観慶丸本店』を訪れたとき、通りからよく見える窓辺に、プレーンコップが置かれていた。それを目にして、そういうすとんとした形のコップがやっぱり好きだな、私、と再確認したのちに帰京した。

しかし、程なくして更新された左藤さんのブログには、それとはまた別ベクトルの、意外な形状のコップが披露されていた。

このところ、居酒屋Zをはじめとする型吹きのコップに尽力していると話していたばかりなのに、宙吹きのコップだった。ゆったり丸く膨らんで、ガラスが溜まった足元、そして首はきゅっとすぼまっていて、口元は少しだけ反ったコップだ。

これまで作ってきた、緩いねじりモールが入った丸底コップよりも、なんとなく、自然物に近いという印象を持った。例えば、釣り鐘型の花など。

「カップ」と名付けられたこの器は、牛乳を飲むシーンをイメージしたという。牛乳を注いだ写真はとても豊かな印象だった。手を伸ばしたくなるようで、自分はこういう形のものにも惹かれるのか、と、なんだか不思議な気分になった。それは、悪くない気分。

きっかけは、千葉・柏のギャラリー『萬器』で催される「食卓のアレ・コレ・ソレ」という企画展に、牛乳用のコップを出展してくれないかと請われたことからだそうだ。旋盤工場に注文をし、ちょうどできあがってきたばかりのロートグラス用の鉄型を使って、モールを付けて試作した型吹きのコップに、牛乳を注いでみた。あれ、想像していたほどきれいじゃない、と、左藤さんは落胆したという。

「モールがすうっと見えて、牛乳は牛乳で青白い感じに見えるのを想像していたら全然そうじゃない。ただ白いだけだった。例えば牛乳とかカフェオレとか、不透明な飲みものは、丸い、レンズ効果を生むような曲面があるものに入れたほうがいいんじゃないかな、とそのとき思ったんです。持ちやすさでいったら間違いなく居酒屋コップとかのほうがいいんですよ。下からすっときて、楽に持てる。でも、形の面白さと、使い勝手と、どっちかを選択しないといけないときに、必ず使い勝手のいいほうを選ばなければいけないかといったらそうじゃない。ちょっと持ちにくくても別にいいんじゃないかな。飲みもの自体は、透明でも、やっぱり丸いほうがきれいに見える。きれいに、というのと、おいしそうに、というのはちょっとまた違うんですけどね」

カップは、底に飲みものを残し、それを揺らしながら、ちょっとだらだらしてもいいだろうという気分で、過ごすのに向いているように思える。居酒屋コップのように、すっと取って、くいっと飲み干すところが似合うような潔さはない。それは左藤さんの言うとおり、どちらの飲みかたも、生活の中にあって然るべきで、そこに矛盾はない。

「ラインアップとして、丸底コップでプレーンなものがないというのはかなり情けない話だなとは思っていました。ティアドロップ型の上部をすぱっと切った形のコップは、けっこうみんな作ってるんですよ。それと差が出しにくいというのと、俺が作ると駄目だなあ、というのがあって。でも、自分でも作ろうとはずっと思っていた。２０１２年の「ナガサキリンネ」に出展したときに、会場になった県立美術館の売店で『芸術新潮』のバックナンバーをぱらぱら見てたら、沖縄特集の号に、桃原さんのコップが載っていた。ヨーガンレールが個人的に注文したものとして。それはもう、かなりの出来だったんですよ。やられたなと思った。その『芸術新潮』は買わなかった。ずっと長いこと小谷さんの写真集を見なかったのと一緒で、自分もこれから丸いのを作るんだから、見ないほうがいいなと」

ちょうど1年前にも丸いコップの試作をし、5月の「にわのわ」に出してみたのだが、売れ行きが芳しくなく、納得できずに没にしていた。

「ティアドロップ型のコップは、球を基調にしているわりには、どうしてか丸く見えないのがずっと疑問だった。半球型の器を作ろうとしたとき、その疑問が氷解した。球を、ほんとに赤道のあたりですぱっと切ると、１／３のところで切ったように見えてしまう。半球型らしくしようと思ったら、もっと深くしないといけない。だから、ちょっと不完全な球、重力で歪んだみたいな球のほうが、丸さを感じられるんだなって。丸いものを作ろうとして、そのまま球を出してきても丸く見えないんだなってことが分かった。

このカップを作ったときは、けっこう手応えがあったんです。これは、きたな、じゃあ、あの『芸術新潮』を見てみるか、と、最近やっとAmazonで買った。見たら、おぼえてたよりも、もっとよかった。桃原さんのコップも、やっぱりね、エッジが上と下に2箇所あるんですよ。これか、と思って。結局、これにこだわってたんだなと思って」

本棚からその『芸術新潮』を取り出して見せてもらうと、桃原さんのコップは、左藤さんのよりもだいぶ口が反っているのが分かった。そういうところからも、左藤さんの丸いコップは、それとはまた別の「いいもの」なのだなあと思わされる。

左藤吹きガラス工房公式業務日報　選り抜き

後編

▽ひとが作っていないものを作りたい

別に真新しいものを作りたいわけではなくて、競争するのが嫌いなので、他所と競合しないよう、いつも色々と考えている。ただ、気をつけないといけないのは、誰もほしくないから誰も作らない、というものがあって、これは手を出さないのに越したことはない。真っ黒いガラス（実際は濃いモスグリーン）が好きな人がいるのかどうか分からないが、私自身は黒い印鑑とか黒電話が好きなので、11月末にひっそり開ける予定の自宅店舗のために「黒十字箸置き」を作ってみた。そういえば昔、黒い消しゴムを使っていた。

2014・10・29

▽急転

途中まで昨日と同じような失敗を繰り返していたが、どうせ駄目だろうと思いながらやり方をちょっと変えるとそれが大当たりで失敗の原因が判明。一工程省いて省力化しようとしたのが悪かった。判明してみると大きな謎は安い人生訓みたいに輝きを失う。

2012・3・16

▽民藝／民芸

昨日ある雑誌の民芸特集号の取材を受けた。

学生の頃、岩波文庫、柳宗悦著『工藝文化』を読んだ私は深い考えもなく器の作家になることに決めてしまったのだった。一夜にして賢くなり工芸のすべてが理解できた気になった結果であった。いまどきの作家にこんな阿呆はいないだろう。

頭を冷やして考えれば、柳の民藝理論は憶測・断定が多く、また現代社会に真正の民藝が生き続けるのはとても無理がある。やはりこれは日本民藝館などの「柳コレクション」に付随するひとつの創作・作品であるというのが今の私の感想である。

民芸の入門書を読むとその理想主義的な信条だけが紹介され、理論の不可能性、民藝運動が廃れていることなどに全く触れていないものが多い。それだったら最初から、これらのコレクションが民芸なんだな、と鑑賞するだけのほうが私なんかには楽だ。理想主義は退屈だから。

当時（大正時代から昭和初期）各地に生き残っていた土地土地の手仕事を保護、指導したり、朝鮮の文化を尊んだ柳の誠実さは本物で、以前住んでいた兵庫県・丹波地方でも木綿織りを昔から続けてこられた人々は決して柳宗悦、とは呼ばない。柳先生である。写真を見てもなかなか良さそうな人である。

それで民芸関係の書籍で私のお勧めは結局、岩波文庫『工藝文化』。やはり圧倒的な酔わせる力がある。それと新潮社刊出川直樹著『民芸——理論の崩壊と様式の誕生』。これで酔いが醒める。

2012・6・14

▽次の10年

ここ2、3日制作がもうひとつ上手くいかず、はっきりと不調を意識していたので、もしやと思っていたがやはり今日、重大な技術的発見が2つ続いてあった。上手くなる時はなぜかこのパターンが多い。

那覇の奥原硝子製造所の社長である親方は、自分は10年で仕事を全部覚えたと少し自慢げに語られていて、その時はふつう10年やれば覚えるだろうとか思ったが、とんでもない間違いであった。すごく早い。10年で全部！　私は今年12年目。

吉本隆明が亡くなった日に親類の娘の懐妊を聞いた。この世のなかのメンバーはこうしていつも入れ替わっている。おめでとう。知の巨人と釣り合う小さい命。

2012・3・18

▽沖縄荷

先日、那覇市壺屋の『GARB DOMINGO』にガラスを発送した。那覇のガラス工場で修業して初期の沖縄ガラスを強く意識した製作をしながらも、自分のガラスが沖縄県内で販売されることはないだろうと思っていた。観光土産としてガラスが圧倒的なシェアで入り込めんだろうと。だが、沖縄を去ってすでに20年、その辺の事情は随分変わりつつあるのかもしれない。知り合いに、実は最近那覇のお店と取引を始めて、と店名を告げると、そこはすごくいいとこだから頑張るようにと励まされたので、なんとか沖縄のガラスの小さな一角を占めることができるように努力したい。自分では勝手に初期沖縄ガラスの正統を継いでいると妄想しているので。

師匠はすでに故人となり、思い出の工場は移転後取り壊し、明治は遠くなりにけりだなと当時すでに平成だが何かしんみりした気持ちになり、那覇の友人の厚意で再び沖縄とガラスの縁を結べたのが本当にうれしい。ありがとう。

2014・11・21

▽無題

夏の間暑さにあえぎながら仕事をしているように思われている。実際その通りなのだが、実は暑いのにはかなり強い方で夏が好きだ。楽しみが色々あるのだ。火にあぶられ喉がからからになった時の飲み物のうまさが只事ではない。今年はセブンイレブンの炭酸水とホッピー(もちろん焼酎は入れない)を楽しんだ。日に何度か水を張った浴槽に漬かって熱中症になりそうな体を「冷却」するが、世の中にこれほど気持ちいいことはそうない。

結局気持ちいいことはいつも「苦しい」とセットになってないと駄目なんだといつも思う。

2010・8・25

▽無題

9月に入って涼しくなるかと思ったら昨日今日と炉の前で暑気あたりになる暑さだった。汗で塩分が失われるせいかとにかく塩辛いものが食べたくてしょうがない。

宮本常一の『塩の道』（講談社学術文庫）という本によると昔は山中では塩が手に入りにくく、塩分の欠乏で眼病や皮膚病にかかる人が多かったらしい。たまに塩魚なんかが手にはいると決して煮ない。煮ると塩分が抜けてしまうので必ず焼き魚にする。焼いて1日目は表面の塩を舐める、2日目は頭を食べて次の日胴体、最後に尻尾という具合に4日かけて食べる、という話を思い出して子供の頃よく売っていた、塩で表面が白くなった塩ジャケが食べたくなった。

2005・9・2

▽無題

小鉢を吹くつもりが、最初から最後までずーっと失敗続きで、それというのも我が工房の「御家流吹硝子ノ術大操典」に書いてあった内容が嘘ばっかりだったせいだ。

日付を見ると2008年に自分で書いているので誰にも文句が付けられないのが余計腹が立つ。嘘ばっかりのくせにやけに詳しくて、イラストとかも書いてある。

こんな調子で、割と小まめにその日の制作で気付いたことやうまくいかなかった点などを書いているが、考えてみるとあまり役に立ったという記憶が無い。

自分の確信とか自信が当てにならず、自分はそう大したもんじゃないというのが受け入れやすくなるという点では大いに役に立っている。

2010.10.5

▽火を消して

炉に火が入っているうちはトラブルが心配で気が休まらない日々が続く。停電でユニットが止まらないかとかいきなりルツボが割れないかとか制御盤がショートしないかとか。色んな不安がそこに集約されている。で、火を消してみて安心するかと思えば、そんなことはなくて、もっと根本的な不安が頭をもたげるのです。あなたが人生に感じる不安と同じです。何人たりともそれから逃れることは出来ないのです。語り口が変です。

2012・5・21

▽ありがとうございました

来店のお客さんにその作家の器でお茶を出すのはよくあることである。特にこの時期だと暑い通りを歩いて来られので喜んでもらえるだろうし、販促にもつながる。今回は5年ほど前に作ったと思しきコップが使われたが、一目見て悲鳴をあげたくなった。こんなものを作っていたかと。これは見せたくない、来年はちゃんとしたのを持って行こうと思った。どこがダメと言って、まず肉厚のコントロールがとても甘いし、ピシッと尖がった部分がない、いわゆる「エッジがない」感じのところがある。また一方で嫌な考えが浮かぶ。すなわち、そんなことを思うのは自分一人だけではないのか、と。それだと、今までの技術的研鑽（だと思っていたもの）が、自己満足と言えなくもないことになってしまう。これまでもそう思わされるようなことが何度かあった。自分が改良した点は果たして評価されているのか。確かに売り上げ自体はよくはなっているがもしかしたらそれは種類を増やしたり、また、お店が紹介してくれているせいで認知度が上がったせいかもしれないではないか。

2001年に炉に火を入れた頃、私の技量はだいたい、ガラスの学校を出たばかりの人と同等かそれ以下だったと思う。それからなんとか売れるものを作ろうと色んな手を使って技術の向上を図り、今では、生来の不器用さは変わらぬもののそんなにひどい腕ではないと思うし、何より結構独自のやり方を構築できた点はさりげなく自慢しておきたい。私は、海の底に日が射したように内側から浮かび上がってくる光が器一個一個に見えてほしいと思っている。そういう風に段取りして作っている。それを見た人が、まあステキとか言うのを聞きたい。だが面前で言われるのは勘弁である。小さな隙間から覗くとか、人伝に聞く方がいい。

週末『KOHORO』にお越しいただき誠に有難うございました。これからお出掛けの方も有難うございます。

2014・8・16

▽黄色い鳥

金・土と在店してきた。

目の前で自分の丹精したものが売れていくのはもちろん気持ちいい。

同時に、いったんお金と引き換えに誰かに渡してしまったら最後、どんな努力も一切及ばないところにガラスは行ってしまう、悪いものを渡してしまえば永劫《えいごう》に恥辱《ちじょく》は残る、という息を吸っても吸っても苦しくなるような感じを覚える独特の疲れ方でいつもぐったりだ。

そして、唐突のようだが、やはり自分は、年収200万円の人も買うガラス作家を目指したいと思う。

難しいかもしれないが目指したいと思う。

2014・6・22

▽取り出し後

4、5か月に一回のルツボの入れ替えが終わり、昨晩より徐々に炉の温度を上げている。普段、製作について、しんどいしんどいとも、誰かに代らせたいとも、無気力発言を憚らないが、この時だけは再びガラスが吹ける喜びと感謝が湧いてくる。型吹きのコップを一番吹きたい。
取り出した使用済みのルツボは大体割れていることが多いが、今回小さいほうのルツボが割れずに出てきた。何かに使えそうだが、屋外に放置するとコケで緑色になり汚いので、持って入った。

2014・11・3

◎吹きガラス用語／吹きガラスに携わる人々

▽宙吹き

高温で溶かし飴状になったガラス生地を吹き竿の先端に巻き取る（この工程は下玉取り、種取りなどと呼ばれる）。その玉にリンがけして形を整え、吹き口より息を吹き込んで中空にし、成形する手法。

▽型吹き

リンがけして形を整えるまでは宙吹きの工程に同じく、金属や木製の型にガラスの玉を吹き込んで、型通りに成形する手法。

▽リンがけ

鉄製の半球のボウル（鉄リン）、畳んで水に濡らした新聞紙（紙リン）などに巻き取ったガラス生地を押し当てて吹き竿を回転させ、形を整える工程。

※リンには「輪」の字を当てるという説も。

▽ポンテ

吹きの工程を終えた器を吹き竿から外す際に用いられる手法。ポンテ竿の先端に少量のガラスを巻き取り、器の底に押し当てて溶着し、吹き竿からポンテ竿へと器を移す。仕上げの完了後、ポンテ竿から器を切り離して、器が完成する。左藤さんの器の底にある、一円玉よりもひとまわり小さな丸いくぼみがそのポンテ跡。

Ponte《ポンテ》とはイタリア語で「橋」の意。

▽小谷真三（１９３０〜）
岡山生まれ。ガラス工場勤めを経て、１９６４年、倉敷市に「水島ガラス」創業。１９６６年「倉敷ガラス」と改名。１９７８年に『光原社』のはからいで盛岡にも工房を設立、夏場の拠点とする。倉敷の大原美術館東洋館では、１９７０年に制作されたステンドグラスを観ることができる。

▽船木倭帆（１９３５〜２０１３）
生家は島根県松江市玉湯村の布志名《ふじな》焼の窯元で、船木道忠の次男として生まれる。兄は陶芸家の船木研兒。清水硝子製造所、各務クリスタルを経て、１９７７年、九州民芸村（２００９年まで北九州市にあった工房村）に「船木倭帆ガラス研究所」を、１９８８年には広島県福山市に「グラス・ヒュッテ船木」を設立。

▽荒川尚也（１９５３〜）
京都生まれ。札幌の豊平ガラスを経て、１９８１年、京都府京丹波町に「精耕社ガラス工房」を設立。
http://www.seikosha-glass.com/

▽津田清和（１９７３〜）
大阪生まれ。関西大学法学部卒。エズラグラススタジオ、ＳＵＷＡガラスの里、金沢卯辰山工芸工房、富山ガラス工房を経て、２００８年、奈良県葛城市に工房を設立。

あとがき

左藤玲朗

自分がかつて何に期待してこのガラスの仕事についたのか、もう忘れてしまった。

小学生の頃、机にじっと座って先生の話を聞いたり、問題を解いたりするのがどうしてもできず、それでイライラと机に何かを書きつけたり、消しゴムを賽《さい》の目に刻んだりして、今だったら何か診断名がつくのか。当時そんな風潮はなく、学校も親も適当に放っといて、本人も別にいいかと思い、将来は机に座らない、あまり頭も使わない、一人でゴソゴソやるような仕事に就きたいと思っていた。

雑誌『太陽』の1996年9月号巻末の「東京の駄菓子」特集で、「本多のピースラムネ」が紹介されている。錠剤をデカくしたような、口に入れるとシュワーッと溶けるあのラムネだ。製造元の本多製菓は浅草にあって、お爺さんお婆さんと息子の三人でやっている。息子が材料を練り合わせ、それを木型に詰めてコンと叩いて取り出したのをガス火で乾燥させる。それをお爺さんたちが色セロファンでひたすら包んでいく。「グズグズしてると終わるのが遅くなるぞ」というのがお爺さんの口癖で、夜の晩酌を楽しみに早朝から夕方まで作業を続ける。今から二十年近く前の記事で、本多製菓もすでに廃業したと聞くが、この記事がずっと印象に残っている。いい仕事だなあと思って羨しかったのだ。このすべて手作業のラムネ菓子は。機械製のに比べてやはりちょっと旨いらしい。そこが大事なポイントかもしれない。やはりちょっと旨くないと。

それで私の仕事であるが、私は一体今の仕事、好きなのかどうなのか。正直、手放しで、大好きです、とは言えない。それだけの目に遭っているのだ。楽しいことも少しはあるが。

もう十年以上も前になるが、学生の頃から仲の良かった友人が難病の末亡くなった。葬儀の日に母上から色々と彼の話を聞かせてもらうなか、亡くなる3年くらい前に病状が少し落ち着いていた時期、私の家に遊びに来た話になった。その頃私はガラス工房を建てる土地を探していて、いわば失業中。妻は働いていて娘は4歳だった。母上は、そんな大変なときに小さな子供もいるお宅に病身の者がお邪魔して迷惑じゃないのかと心配したらしい。すると彼は、「いや、わしらは兄弟みたいなもんじゃけぇ」と言ったという。それを聞いて私は、ああそうかと得心が行く気がした。というのは京都で学生の頃、一緒に何かの店に入ったりすると店の人に、ご兄弟？　とか聞かれることがあって、顔も体つきもまるで似ていないのに不思議に思っていたのだ。考えてみれば彼は下に弟と妹がいる兄貴で私は末っ子。兄貴のいる近所の男の子が羨ましかった。彼にはよく奢ってもらっていたから、我々の付き合いというのは何かそんな風な、傍から見ても兄と弟みたいなもんだったんだなと。一緒にいる割にはそれほど喋らなかったなとか。驚くのは、亡くなるまでそれに気が付かなかったことだ。もちろん感謝したこともない。

案外、私に限らず、失ってみてはじめてそのことがよく分かるようになる、というのが人生のデフォルトになっているのかもしれない。だったら毎日やっているこのガラスの仕事が自分の何に当たるのか、分からないのもまあ不思議ではない。

ある日急病か事故で突然ガラスの仕事に終わりが来るか、或いはいよいよ立ち行かないからいつといつ限りで廃業決定とか、大体どちらかだと思うのだが、ガラスを辞めてしまった後どう思うのだろう。こんなに大事な仕事だったらもっと謙虚にやるんだったと悔やむか、こんな苦しいこと〇〇年もやって愚かだった、俺の年月を返せと叫ぶのか。私はケチ臭いところがあるから、何も残せなかったが、ガラスで苦労したのも無駄ではなかった、とか丸く収めそうな気もする。

この本の案を木村衣有子さんから聞かされたとき、これから手仕事をやりたいと思っている人のガイド本みたいな役割も持たせたいと説明があり、私もそれに賛同した。だからこの本がそのような人たちに少しでも有益な情報を提供できるようただ祈るばかりである。ただ、仕事に関しては、いろんな面で私は運がいいほうだから、そのまま参考にできないこともあるかもしれない。その「運のよさ」に言及するとき、どうしてもこの場をお借りして奥原硝子製造所の前代表・故桃原正男氏にお礼とお詫びを申し上げないといけない。

何のご挨拶もせずにすみませんでした。初めてちゃんと見たガラス吹きがあなただったので、そのあと私はかなり得をしています。おかげで今も続けられています。ありがとうございました。

運がいいのだ。

クロと『のんべえ春秋』

木村衣有子

初冬から晩春にかけて白子に通ううち、当初はちっとも目を合わせてくれなかったシロコとの距離が縮まっていった。私が左藤家の玄関でリュックをおろしたところにやってきて、ゆるやかに尻尾を振りながらこちらの顔に鼻を近付けるなどして挨拶してくれる。居間で椅子に腰掛けている私の腿にあごをのせて、上目使いでこちらを見たりもする。文句なく、可愛い。

シロコは2011年の初夏、まだ子犬の頃、近所の田んぼで一匹でいたところを左藤さんに拾われたそうだ。つまり左藤家の3匹の犬はみんな元は捨て犬か、迷い犬である。

「白子訪問記」に書いた、昨年の11月に左藤家を訪問したときのエピソードで、左藤さんが駄々っ子のクロを諌めるときの一言「御宿に捨てにいくぞ」はなかなかインパクトのあるものだった。白子から南下していったところのその御宿、サーファーに愛される浜で、このあたりでもとりわけ野良犬が多いということでも知られるとは地元の人に聞いた、そう左藤さんは言っていた。

しかし、年明けに左藤家を訪問したとき、左藤さんの口からその台詞は出なくなっているのに気付いた。さらに2月には「クロをなるべく褒めることにしたんです」と言う。とはいえ、褒められるようなことは特段しやしないクロである。とりあえず、家の中で抱っこしては「偉いなあ、お前は」と褒めているという。相変わらず私が玄関を開けると吠えかかってくるクロだが、心なしか、あっさりと吠えやめるようにもなった。薄紙を剥ぐようにではあるが、物分かりがよくなってきた。

弥子さんは言う。

「クロがきてから、ユキは、シロコの有難みが分かったみたい。クロに比べたらシロコはすごくお利口だって。ユキとシロコは仲良しになっちゃって、よくくっついて寝たりしてるよね、最近ね」

「電車で隣り合ってるようなもんやろ」左藤さんはすげなく返す。

たしかに犬たちは、べったり仲良しこよしというところはそれほど見せずに、それなりに距離を取り合って暮らしているようではあった。

4月には、クロの背中を眺めていて、なんだかふっくらしたのではという印象を持った。そのとおり、クロにやる1日分のカリカリを15グラム増やしたそうだ。そのおかげか、また少しだけ気性が穏やかになったようにも思えた。弥子さんは「ずっとおなかを空かして吠えてたのかもね」と言う。

まあ、落ち着きがないことに変わりはない。散歩に連れて行ってもらえる、と分かると、クロはもう、はしゃいで、はしゃいで、たいへんだ。ぴょんぴょん飛び跳ねてまわるのはもちろん、クロよりもずいぶん大きなシロコがおとなしく立っているところに駆けていき、シロコの腹の下をくぐるなどする。そんなとき、決まってシロコは知らん振りをしている。晩酌の時間、左藤さんは、クロを膝の上に載せている。ジャックダニエルのソーダ割りを飲みながら、クロの顔に時折わざと酒臭い息を吹きかけて「俺お前の仲や」などと言って、からかう。

クロは、しばらくは我慢しているが、時々、ウー、と、うなる。

夜、電灯の下で見るクロの体は、黒光りしている。こんなに毛艶がよかったかしらん。弥子さん曰く、尻尾のほうから光ってきたんですよ、とのこと。

拾われて間もないときは毛がばさばさだった。根気よく面倒を見てもらって、じわりじわりと飼い犬らしくなってきたクロ。

左藤さんは自身のことを「さっと諦めるのが得意」と言うが、実のところはそうでもないのではと思う。

いや、得意なことはそれだけではない、というのがほんとうか。

拘りなくすっと手放すこともできるし、また、ずうっと握りしめていることもできるのではないか。

諦めるだけの人だったら、こんなに手に負えない犬のめんどうをじっくりみようとはしないだろう。それとも、クロは手がかかる犬であることを、さっさと認めて、こういうやつだからじっくり付き合わねば、と、諦めているのかな。

そんなことを、左藤さんとクロが戯れている光景を眺めながら思う私だった。

＊

私は『のんべえ春秋』というミニコミを制作している。2015年晩春現在、4号まで刊行。「酔った上での武勇伝を競うわけでもなく、たしなむ程度と腰が引けてもいない、ちょうどいい塩梅を目指して」作っている「のんべえによるのんべえのための小さな本」である。編集・文・写真は全て私が手がける。装丁と、印刷所とのやりとりは、盛岡の友人、木村敦子さんに委ねている。ちなみにこの本『はじまりのコップ』の装丁、カラーグラビアの構成は敦子さんの仕事だ。この場を借りて、感謝です。

『のんべえ春秋』1号では「居酒屋コップとワインコップ」と題して、左藤さんのコップの特集をした。まだ海のものとも山のものともつかないミニコミの取材をよく受けてくれたなあと、今思い返せばほんとうに有難い。そのとき、左藤さんは、私の本を一冊持っていると言った。2003年に平凡社から刊行した『東京骨董スタイル』だ。上京してまだ1年経たない時期に取材をして作った本だ。拙いところが数多あるのを気に病んで、しばらくはじっくり見返すこともなかった本だ。与えられたテーマ「骨董」がいやに重たいものに思えてしまって、その重たさをいったん背から下ろしてどこかに置いておきたい、というところもあった。

とはいえ、その本を作るにあたって「器とは面白いな」という感は得ていたはずなのだが、自分の手に負えない題材だと思い込んだままに時間が過ぎていた。

今思えば、骨董屋の店主、という「選び手」ばかりに話を聞いてまわるのは自分には向いていなかったのかもしれない。そんな単純すぎることに気が付いたのは『のんべえ春秋』を、酒器の「作り手」に話を聞きながら作ってみてから、やっと、だった。やっぱり私も、クロみたいに、薄紙を剥ぐようにして、長い時間をかけないと、物事を把握できない質なのかなあ。

左藤さんに会いに行ったことが、その薄紙を2、3枚一気に剥がすきっかけとなったのは間違いない。

『のんべえ春秋』1号は2000部を刷り、発行からおよそ2年で1500部が売れていった。そろそろ在庫がなくなるだろう頃に、もう一歩踏み込んだ本を作ってみようかという目論みはあった。ちょうどそのとき、2014年6月22日の、左藤さんのブログ（※248ページ参照）の締めくくりに「やはり自分は、年収200万円の人も買うガラス作家を目指したいと思う」とあるのを読んで、この言葉を裏打ちするものを探りたい、いや、探らなければと思った。

そんな私の提案を受け止め、およそ1年後に、こういうかたちの本として着地させてくれた、亜紀書房の高尾豪さん、どうも有難うございます。

今日も冷茶を、ビールを、そして、水を飲むのは、左藤さんのコップで。

左藤玲朗／さとう れいろう
1964年大分生まれ。立命館大学文学部卒。沖縄『奥原硝子製造所』などで経験を積んだのち、2001年、兵庫・丹波に『左藤吹きガラス工房』を設立。2009年に千葉・九十九里に移転し現在に至る。
http://www2.odn.ne.jp/tebuki/

左藤吹きガラス工房

千葉県長生郡白子町五井2735　〒299-4211
電話：0475-33-4823
http://www2.odn.ne.jp/tebuki/

黄色い鳥器店

東京都国立市北1-12-2　2階　〒186-0001
電話：042-537-8502
http://www.kiiroi-tori.com/

KOHORO

東京都世田谷区玉川3-12-11　1階　〒158-0094
電話：03-5717-9401
http://www.kohoro.jp/

カンケイマルラボ

宮城県石巻市中央2-3-14　観慶丸ビル1階　〒986-0822
http://kankeimaru.com/
※企画展開催時以外は、通りをはさんで向かいの『観慶丸本店』（電話0225-22-0151）に左藤さんのガラスがあります。

◎参考文献
『日本のガラス』土屋良雄／紫紅社／1987
『別冊太陽　ガラス』平凡社／1983
『倉敷ガラス　小谷真三の仕事』里文出版／1998
『ガラスの道』由水常雄／中公文庫／1988
『民藝の教科書　5　手仕事いろいろ』グラフィック社／2013
『てくり別冊　光原社　北の美意識』まちの編集室／2014
『美しきものへの巡礼』宮尾登美子／文春文庫／1985
『粋な旋盤工』小関智弘／岩波現代文庫／2000
『工藝文化』柳宗悦／岩波文庫／1985

木村衣有子／きむら ゆうこ

1975年栃木生まれ。文筆家。立命館大学産業社会学部卒。2002年より東京在住。ミニコミ『のんべえ春秋』編集発行人。

主な著書に『京都の喫茶店』『東京骨董スタイル』（平凡社）、『もの食う本』（ちくま文庫）、『コーヒーゼリーの時間』（産業編集センター）などがある。

コーヒーとクラフトとプロ野球を愛す。

http://mitake75.petit.cc/

twitter　@yukokimura1002

はじまりのコップ
左藤吹きガラス工房奮闘記

2015年8月8日　第1版第1刷　発行

文・写真　木村衣有子

発 行 所　株式会社亜紀書房
〒101-0051
東京都千代田区神田神保町1-32
電話03（5280）0261
http://www.akishobo.com
振替　00100-9-144037

印 刷 所　株式会社トライ
http://www.try-sky.com

装　　丁　木村敦子（kids）

ISBN978-4-7505-1453-6

「もみじ市」にて、看板にやっとこ

¥3000

「もみじ市」にて、コップの数々

「もみじ市」にて、ミニコミ『のんべえ春秋』と凸型ペーパーウェイト（青緑）。
右端にちらりと見えるのは23年前に習作したコップ

左藤家の壁に貼られたDMあれこれ。いちばん上には左藤さんが描いたシロコの寝姿

出荷待ちの箸置きなど。手前　砂型箸置き　650円／奥　十字型箸置き　600円

工房にて、護符

およそ半年のあいだ働いて、炉から取り出された坩堝

工房の一角と全景。下の写真、左奥がガラス溶解炉。この中に坩堝がはめ込まれている

グローリーホールでガラスを焼き戻す左藤さん

上／吹き竿　下／鉄管と番線で自作した型。ガラスが柔らかいうちにこの型に吹き込んで「モール」と呼ばれる模様を付ける

作業ベンチに腰掛けて「紙ゴテ」の表面を焦がす左藤さん。
紙ゴテは器の口を広げる道具のひとつ

糸
播州手

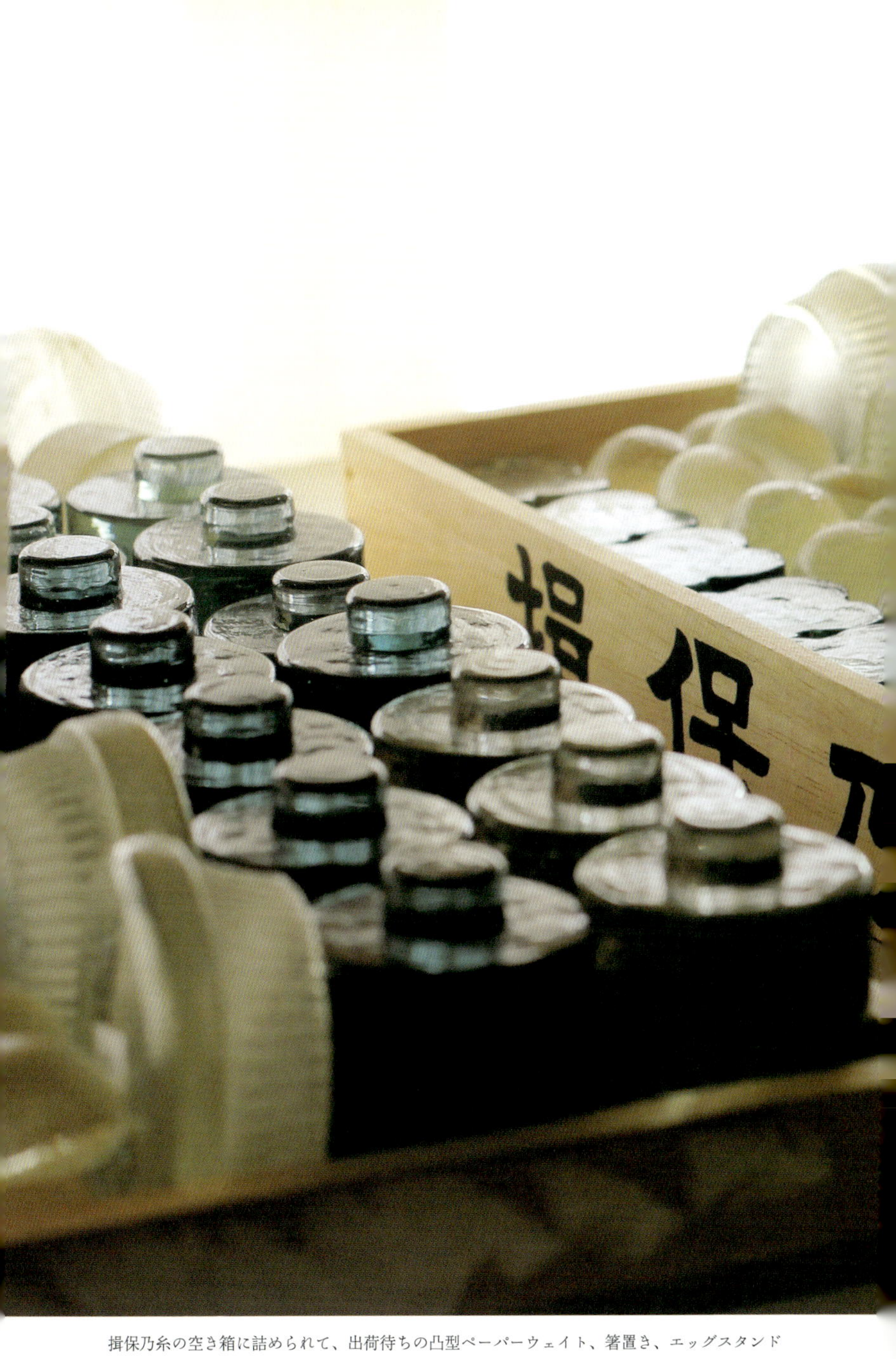

揖保乃糸の空き箱に詰められて、出荷待ちの凸型ペーパーウェイト、箸置き、エッグスタンド

左藤さんとクロ